AF433671

ספר

עֵץ חַיִים

לרבינו

חיים ויטאל ז"ל

שֶׁקִיבֵּל מִמָרָן הָאֲרִ"י זלה"ה

שַׁעַר הָעֲקוּדִים

שַׁעַר ו' פֶּרֶק ז'

דכ"ז ע"ד – דכ"ט ע"א

תש"פ

SimchatChaim.com

בהוצאת

שִׂמְחַת חַיִים

בס"ד

הקדמה

ירפא **ה**מאציל **ו**יושיע **ה**בורא את כל חולי בני ישראל, וישלח להם רפואה שלימה, רפואת הנפש ורפואת הגוף, בכל אבריהם ובכל גידיהם לעבודתו יתברך.

בי"ב במנחם אב תשס"ה, הובהלתי לבית החולים, הרופאים לא נתנו לי סיכוי לחיות יותר מכמה שעות בגלל מספר תסבוכות. עם כל זאת בזכות התפילות של בני ישראל הקדושים, ברחמיו הרבים, ריחם עלי הקדוש ברוך הוא, ונשארתי בחיים.

עם כל זאת, הובחנה אצלי מחלה קשה בכליות, ונאמר לי שהצטרך למכונת דיאליזה. בשבילי זה היה שוק!!! אף פעם לא הייתי אצל רופא, או בבית חולים. כך בעל כרחי התחברתי למכונת דיאליזה, ומכונה זאת הייתי[1] קשורה בי ככלב במשך שמונים חודשים בדיוק, כמנין **יסוד**, במשך 10-12 שעות ביום.

בשבת פרשת **ויחי יעקב** י"ב טבת תשע"ב, בזכות בני ישראל, שכולם אהובים כולם ברורים כולם גיבורים כולם קדושים... וכולם פותחים את פיהם באהבה שלוש פעמים ביום, ואומרים - **ברוך אתה... רופא חולי עמו ישראל**, וכללותם כל האברכים, תלמידי הישיבות, רבנים וחכמים, חסידים, מקובלים עם תינוקות של בית רבן, זקנים עם נערים, בחורים וגם בתולות, בארץ הקודש ובעולם. ומצד שני בנות ישראל היקרות מפז, שהתפללו וקבלו עליהם כל מיני קבלות, מהפרשת חלה עד צניעות וכיסוי הראש, עם הרבנים, המנהלים, המורים, המורות **והתלמידות של בית יעקב** דטורונטו שכל יום התפללו, וכללו בתפילתם שבקעה את כל הרקיעים אותי, ונושעתי אני הקטן. הושתלה בי כליה. והתנתקתי ממכונת הדיאליזה.

אמר המלך דוד - לולי[2] תורתך שעשעי אז אבדתי בעניי. מה שנתן לי חיות היא התורה הקדושה, בשעות הרבות שהיתי מחובר למכונת הדיאליזה)כ12 שעות ביום(, ערכתי סדרתי וכתבתי במחשב את הקונטרסים שלמדתי במשך שנים. וקונטרסים אלו הפכו לחיבור, ואחרי התלבטויות ובקשות מבני גילי, החלטתי בעזרתו יתברך להדפיס קונטרסים אלו.

ידוע הוא כי כל דברי האר"י זלל"ה ותלמידו נאמן ביתו, רבינו חיים ויטאל הם סתומים וחתומים באלפי שרשראות ומנעולים, והרב ז"ל גלה טפח וכיסה אלפים אמה, וכלל דבריהם הוא משלים, עם כל זאת העוסק במשל פועל בעלמות העליונים בנמשל. לכן צריך זהירות גדולה לא להגשים את המשלים, בסוד המבואר בספר הזוהר הקדוש **ועלייהו אתמר** ועליהם נאמר - **ארור האיש אשר יעשה פסל ומסכה וגומר, ושם בסתר, מאי בסתר** מהו בסתר - **בסתרו דעלמא** בסתר העולם. ובגין דא אמר קודשא בריך הוא לא תעשון **אתי** ומפני זה אמר הקדוש ברוך הוא לא תעשון אתי **אלה"י כסף ואלה"י** זהב, והכי אוקמוה חבריא לא **תעשון אתי כדמות שמשי שמשמשין אותי** וכך העמידוהו החברים לא תעשון אתי כדמות שמשי שמשמשים אותי **במרום, לצייר בסתר דילי שום ציור או דמיון** לצייר בסתר שלי שום ציור או דמיון, **דכל מאן דצייר לעיל לקודשא בריך הוא** שכל מי שמצייר למעלה לקדשים ברוך הוא, **בסתר**)דאיהי שכינתיה, כלילא מעשר

---

[1]

גמרא סוטה ד"ג ע"ב - גמרא סוטה ד"ג ע"ב – רבי אלעזר אומר, **קשורה בו ככלב**, שנאמר - ולא שמע אליה לשכב אצלה להיות. עמה לשכב אצלה בעולם הזה. להיות עמה לעולם הבא.

[2]

תהלים קי"ט צ"ב

ספיראן שהיא שכינתו, כלולה מעשר ספירות**(, שום ציור, וצלם, ודמות, כגוונא דמצייירין בשמשין דיליה** שמציירים בשמשים שלו, **נשמתיה אתלבשא בההוא צלמא** נשמתו מתלבשת באותו צלם.....

וכן הוא בסוף ענף ד' דשער א' בספר עץ חיים שער ההקדמות, וז"ל הטהור - ואמנם דבר גלוי הוא כי אין למעלה גוף ולא כח גוף חלילה. וכל הדמיונות והציורים אלו לא מפני שהם כך חס ושלום. אמנם **לשכך את הארזן** לכשיוכל האדם להבין הדברים העליונים, הרוחניים, בלתי נתפסים, ונרשמים בשכל האנושי. לכן ניתן רשות לדבר בבחינת ציורים ודמיוניים, כאשר הוא פשוט בכל ספרי הזוהר. וגם בפסוקי התורה עצמה כולם כאחד עונים ואומרים בדבר הזה, כמו שאמר הכתוב עיני הוי"ה המה משוטטים בכל הארץ. עיני הוי"ה אל צדיקים. וישמע הוי"ה. וירח הוי"ה. וידבר הוי"ה. וכאלה רבות. וגדולה מכולם מה שאמר הכתוב - ויברא אלהי"ם את האדם בצלמו בצלם אלהי"ם ברא אותו זכר ונקבה וגו'. **ואם התורה עצמה דברה כך** גם אנחנו נוכל לדבר כלשון הזה, עם היות שפשוטו הוא למעלה שם שאין שם אלא אורות דקים בתכלית הרוחניות, בלתי נתפשים שם כלל, וכמו שאמר הכתוב - כי לא ראיתם כל תמונה, וכאלה רבות. ואמנם יש עוד דרך אחרת כדי להמשיך ולצייר בה הדברים העליונים, והם בחינת כתיבת צורת אותיות, כי כל אות ואות מורה על אור פרטי עליון, וגם תמונת זו דבר פשוט הוא כי אין למעלה לא אות ולא נקודה, **וגם זה דרך משל וציור לשכך את הארזן** כנזכר.....

ולכן כל המבואר כאן בחיבור זה הוא כדי **לשכך את הארזן**. והתרשימים שבסוף החיבור הם כדי **לשבר את העין**, לכן אין שום ביאור והסבר שלם, ואין שום תרשים שלם בתכלית השלמות.

ידוע כי[3] דברי תורה ענים במקומן ועשירים במקום אחר, **ועל אחת כמה וכמה** בדברי הרב ז"ל, שכל סוגיה חסרה[4] במקומה, וחלקיה מפוזרים במקומות אחרים. **זאת ועוד** הרב ז"ל מערבב בדרוש אחד כמה וכמה סוגיות, כאשר בפשטות דבריו נראה שכל הדרוש הוא דרוש אחד, ולא מחולק לסוגיות שונות, ושמעות שונות, **ביאור** דברי הרב ז"ל כאן הם **בעומק, והוא בעצם ליקוט** עד איפה שידי הקצרה הגיעה, מכל חלקי ספר עץ חיים, ושמונה השערים המצוינים לרב ז"ל, מבוא שערים ושאר ספרי הרב ז"ל, והוא גם על פי הקדמת רחובות הנהר למרן הרש"ש, דרושי פנימיות וחיצוניות, דרוש הדעת, סוגיות ערכין, סוגיות דכללות והתכללות, פרטות וכללות, וסוגיות עובי ואורך, ועל פי ביאור גדולי רבותינו חכמי המקובלים לדורותם זלה"ה זי"ע.

ידוע כי[5] אין בר בלי תבן, כך אין ספר בלי טעויות, ועוד יודע אני כי ועני אני, ועני אני, **ואין[6] עני אלא בדעה**. לכן מבקש אני בכל לשון של בקשה אם יש לכל אחד שאלות, הערות, הארות, תיקונים, נא לשלוח ל - book@simchatchaim.com והשתדל לענות, ולתקן את הצריך תיקון.

בברכה והצלחה בלימוד התורה הקדושה

ובעיקר בפנימיות התורה, תורת האר"י החי"י.

ורפואה שלימה לכל חולי ישראל.

אח"י

---

[3] **גמרא ירושלמי, ראש השנה פ"ג הלכה ה' די"ז ע"א** — דברי תורה ענים במקומן, ועשירים במקום אחר.

[4] **תורת חכם דע"ב ע"ב** — חסר לשון הוא, כמו שיראה המעיין.

[5] **גמרא ברכות נ"ה א'** - מה לתבן את הבר נאם ה', וכי מה ענין בר ותבן אצל חלום, אלא אמר ר' יוחנן משום ר' שמעון בן יוחאי ,כשם שאי אפשר לבר בלא תבן, כך אי אפשר לחלום בלא דברים בטלים.

[6] **גמרא נדרים מ"א ע"א** – אין עני אלא בדעה .

ב"ה

הקדמה קצרה לחיוב לימוד תורת הקבלה

ישמחו ה**שמים ו**תגל ה**ארץ** ירעם הים ומלאו. שזכינו בדור שלנו שפנימיות התורה, שהיא היא תורת הקבלה, מתפשטת לכל, וכל מקום בעולם היום לומדים בתורת הח"ן. הדור שלנו יש הרבה התעוררות ללמוד סתרי התורה הקדושה, הנקראת חכמת הקבלה. בירושלים של המאה ה־18 בישיבת **בית אל** היו בקושי מנין של מקובלים, והיום תורת הקבלה מופצת בכל מקום בארץ ובעולם. לעניות דעתי אחת הסיבות העיקריות לשינוי זה הוא רצונם של בני התורה, החוזרים בתשובה ועמך לדעת את סוד החיים, למה ברא הקדוש ברוך הוא את העולם, ואת טעמי המצות, ר"ל אי אפשר היום בדור שלנו, להסביר על פי הפשט את הסיבה מדוע אסור לאכול בשר וחלב, מדוע צריך להניח תפילין, למה לשמור דוקא שבת ולא יום שלישי, אי אפשר להגיד כל הזמן **זאת גזרת הכתוב, כך רוצה הקדוש ברוך הוא**, האנשים מחפשים הסברים למצות, לסיפורי התנ"ך, לגלגולי נשמות, ועוד. ורק על ידי עסק בפנימיות התורה, אדם מסיג את ההסברים לקושיות שיש לו. **זאת ועוד** חיים אנחנו בדור של חומריות, והאנשים מחפשים את רוחניות שבחיים, אז מה עושים, נוסעים למזרח, להודו, סין, תאילנד למצוא רוחניות, ולא יודעים **ששורש כל הרוחניות בעולם נמצאת בתורה הקדושה**, עם כל זאת כאשר הלומד את פשט התורה, **הוא לא מכיר** את הקדוש ברוך הוא, והוא בלי יראת שמים ושמחה אמתית. כותב הרב המקובל האלוה"י רבינו יהודה פתייה בפרושו הנפלא על עץ חיים - כי לימוד עץ חיים הוא עמוק מאד מאד, כי הוא **מים שאין להם סוף**, והוא קשה מאד גם לחכמים ההוגים בו תמיד, וכל שכן למתחילים. כי הוא חזק מצור, וקשה מברזל, שאי אפשר לחצוב ממנו מאומה, אם לא על ידי כלי מחצב חזקים כציפורן שמיר. וכל המתחיל בלימוד עץ חיים, אם לא יהיה לו רב, או לפחות איזה מפרש המפרש לו כוונת הפרק ההוא לפי פשוטו, נבול יבול, ואינו יכול לעמוד על הפרק כי אם לאחר יגיעה רבה, ושקידה עצומה, וכולי האי ואולי. כי הרבה פעמים יסבור המעיין שהבין העניין ההוא כראוי, ואחר שילמוד עוד איזה פרקים אחרים, ירגיש כעצמו שלא הבין את פרקים הקודמים, והניסיון יעיד על זה, עד כאן דברי קודשו. עם כל זאת חייב כל אדם לעסוק בתורת ה**חיים**.

צדיק אתה הוי"ה וישר משפטיך. כתב הרב רבינו חיים ויטאל ז"ל בהקדמה לשער ההקדמות - והנה מה שכתב בתחילת דבריו, ואפילו כל אינון דמשתדלי באורייתא כל חסד דעבדי לגרמייהו וכו', עם היות שפשטו מבואר ובפרט בזמנינו זה, בעוונותינו היום אשר התורה נעשית קרדום לחתוך בה אצל קצת בעלי תורה, אשר עסקם בתורה על מנת לקבל פרס, והספקות יתירות, וגם להיותם מכלל ראשי ישיבות, ודיני סנהדראות, להיות שמם וריחם נודף בכל הארץ, **ודומים במעשיהם לאנשי דור הפלגה הבונים מגדל וראשו בשמים**, ועיקר סיבת מעשיהם היא מה שאמר אחר כך הכתוב - **ונעשה לנו שם**... והנה על הכת הזאת אמרו בגמרא כל העוסק בתורה שלא לשמה, נוח לו שנהפכה שליתו על פניו, ולא יצא לאויר העולם. ואמנם האנשים האלה מראים תמימה וענוה באמרם כי כל עסקם בתורה הוא לשמה. והנה החכם הגדול התנא רבי מאיר ע"ה העיד עליהם שלא כך הוא, באמרו לשון כללות - כל העוסק בתורה לשמה זוכה לדברים הרבה וכו', **ומגלים לו רזי תורה, ונעשה כנהר שאינו פוסק**, והולך

וכמעיין המתגבר מאליו, בלתי הצטרכו לטרוח ולעיין בה, ולהוציא טיפין טיפין של מימי התורה מן הסלע, הנה זה יורה שאינו עוסק בתורה לשמה כהלכתה, ומי זה האיש אשר לא יזלו עיניו דמעות בראותו המשנה הזאת, **ורואה חסרונו ופחיתותו**, עד כאן לשונו. לכן כל אחד צריך לטעום מעץ החיים.

חצות לילה אקום להודות לך על משפטי צדקך. כתב רבינו אליהו מני זצ"ל רבו של הרי"ח הטוב, בספרו הקדוש כסא אליהו שער ד' וז"ל - ואם זיכך הוי"ה ללמוד בחכמת האמת, הנה עצה היעוצה היא שכל סדר הלימוד בנגלה תתנהג בו ביום דוקא. **אבל בלילה תלמוד בחכמת האמת, והעיקר הלימוד אחר חצות**, כי זה הלימוד צריך ישוב דעת הרבה, וכשיקוץ האדם אז דעתו מיושבת עליו יותר. גם גה הלימוד צריך הסתר והצנע, **וכל דבר שיהיה בלילה ובפרט אחר חצות יהיה נסתר יותר מן היום**. ותעשה ועד עם החברים בבית המדרש אם הוא צנוע, **או בביתך ותלמדו בכל לילה**, עד כאן לשונו. וישב ללמוד האדם בלילה תחת עץ החיים.

קראתי בכל לב ענני הוי"ה חקיך אצרה.[7] בהקדמה לשער ההקדמות מבאר הרב ז"ל - ואמנם אל יאמר אדם אלכה לי ואעסוק בחכמת הקבלה, מקודם שיעסוק בתורה במשנה ובתלמוד, כי כבר אמרו רבינו ז"ל - אל יכנס אדם לפרדס **אלא אם כן מלא כריסו בבשר ויין**, והרי זה דומה לנשמה בלתי גוף, שאין לה שכר ומעשה וחשבון, עד היותה מתקשרת בתוך הגוף, בהיותו שלם מתוקן במצות התורה בתרי"ג מצות. **וכן בהפך** בהיותו עוסק בחכמת המשנה והתלמוד בבלי, ולא ייתן חלק גם אל סודות התורה וסתריה, כי **הרי זה דומה לגוף היושב בחושך**, בלתי נשמת אדם נר הוי"ה המאירה בתוכה, **באופן שהגוף יבש בלתי שואף ממקור חיים**, אשר זהו ענין אומרו במקום אחר ההוא הנזכר לעיל וז"ל - דאילין אינון דעבדי לאורייתא יבשה, ולא בעאן לאשתדלא בחכמת הקבלה וכו'. באופן כי התלמידי חכמים העוסקים בתורה לשמה, ולא לשמו, לעשות לו שם. צריך שיעסוק בתחילה בחכמת המקרא, והמשנה, והתלמוד, כפי מה שיוכל שכלו לסבול. ואחר כך יעסוק לדעת את קונו בחכמת האמת, וכמו שציויה דוד המלך ע"ה את שלמה בנו - דע את אלה"י אביך ועבדהו. ואם האיש הזה יהיה כבד וקשה בענין העיון בתלמוד, מוטב לו שיניח את ידו ממנו, אחר שבחן מזלו בחכמה זאת, ויעסוק בחכמת האמת. וזה שמבואר כל תלמיד חכם שאינו רואה סימן יפה בתלמוד בחמשה שנים, שוב אינו רואה, עד כאן דברי קודשו. ומזה כל אחד ואחד חייב להדבק במקור החיים.

חסדך הוי"ה מלאה הארץ חקיך למדני. בשער הגלגולים, בקדמה ט"ז כתב הרב ז"ל - עוד צריך שתדע, כי האדם צריך לקיים כל התרי"ג מצות, במעשה, ובדבור, ובמחשבה. וכמו שאמרו ז"ל על פסוק - זאת התורה לעולה ולמנחה וכו', כל העוסק בפרשת עולה, כאלו הקריב עולה וכו'. וכוונו בזה שהאדם מחוייב לקיים כל התרי"ג מצות בדבור, וכן על דרך זה במחשבה. ואם לא קיים כל התרי"ג בשלשה בחינות הנזכרות, מחוייב להתגלגל עד שישלים אותם. **עוד דע**, כי האדם מחויב לעסוק בתורה בארבעה מדרגות, **שסימנם פרד"ס**, והם, פשט, רמז, דרוש, סוד וצריך שיתגלגל עד שישלים אותם. ובהקדמה י"ז כותב הרב ז"ל, וז"ל - שהאדם **מחוייב לעסוק בתורה בארבעה מדרגות שבה**, והיא זאת, דע, כי כללות כל הנשמות

<hr>

הם ששים רבוא ולא יותר. והנה התורה היא שרש נשמות ישראל, כי ממנה חוצבו, ובה נשרשו. ולכן יש בתורה ששים רבוא פירושים, וכלם כפי הפשט. וששים רבוא ברמז. וששים רבוא בדרש. **וששים רבוא בסוד.** ונמצא, כי מכל פירוש מן הששים רבוא פרושים, ממנו נתהווה נשמה אחת של ישראל, ולעתיד לבא כל אחד ואחד מישראל, ישיג לדעת כל התורה כפי אותו הפירוש המכוון עם שרש נשמתו, אשר על ידי הפרוש ההוא נברא ונתהווה כנזכר. וכן בגן עדן אחר פטירת האדם, ישיג כל זה. וכן בכל לילה כאשר האדם ישן, ומפקיד נשמתו ויוצאה ועולה למעלה, הנה מי שזוכה לעלות למעלה, מלמדים לו שם אותו הפירוש, שבו תלוי שרש נשמתו. ואמנם הכל כפי מעשיו ביום ההוא, כך באותה הלילה ילמדוהו, פסוק אחד, או פרשה פלונית, כי אז מאיר בו יותר פסוק ההוא משאר הימים. ובלילה האחרת יאיר בנשמתו פסוק אחר, כפי מעשיו של אותו היום, וכולם על דרך הפירוש ההוא אשר תלויה בו שרש נשמתו כנזכר, עד כאן דברי קודשו. ור"ל שכל יהודי ויהודי חייב להשיג את שורש נשמתו, וללמוד את סוד החיים.

יבאוני רחמיך ואחיה כי תורתך שעשעי - אמר רבי ישמעאל, בוא וראה כמה קשה יום הדין שעתיד הקדוש ברוך הוא לדון את כל העולם כולו בעמק יהושפט. בזמן שתלמידי חכמים באים לפניו, אומר לכל אחד מהם - כלום עסקת בתורה, אמר לו הן, אומר לו הקדוש ברוך הוא הואיל והודית, אמור לפני מה שקרית, ומה ששנית בישיבה, ומה ששמעת בישיבה. מכאן אמרו - כל מה שקרא אדם יהא תפוש בידו, ומה ששנה כמו כן, שלא תשיגהו בושה ליום הדין. מכאן היה רבי ישמעאל אומר - אוי הלה לאותה בושה, אוי לה לאותה כלימה, ועל זה ביקש דוד מלך ישראל בתפילה ובתחנונים לפני המקום ואמר - הוי"ה בוקר תשמע קולי בוקר אערך לך ואצפה. בא לפניו מי שיש בידו מקרא ואין בידו משנה, הקדוש ברוך הוא הופך את פניו ממנו, ושרי גיהנם מתגברים בו כזאבי ערב, ונוטלין אותו ומשליכין אותו לתוכה. בא לפניו מי שיש בידו שני סדרים או שלושה, אז הקדוש ברוך הוא אומר לו - בני, כל ההלכות למה לא שנית אותם, ואם אומר הקדוש ברוך הוא הניחוהו, מוטב, ואם לאו עושין לו כמידת הראשון. בא לפניו מי שיש בידו הלכות, הקדוש ברוך הוא אומר לו - בני, תורת כהנים למה לא שנית, שיש בה טומאה וטהרה, וטומאת שרצים וטהרת שרצים, טומאת נגעים וטהרת נגעים, טומאת נתקים ובתים וטהרת נתקים ובתים, טומאת זבים ולידה וטהרת זבים ולידה, טומאת מצורע וטהרתו, סדר ווידוי יום הכיפורים, וגזירות שוות, ודיני ערכים, וכל דין שדנו ישראל לא דנו אלא מתוכו. בא לפניו מי שיש בידו תורת כהנים, אומר לו הקדוש ברוך הוא - בני, חמישה חומשי תורה למה לא שנית, שיש בהם קריאת שמע, ותפילין, ומזוזה. בא לפניו מי שיש בידו חמישה חומשי תורה, אומר לו - בני, למה לא למדת הגדה, ולא שנית, שבשעה שהחכם יושב ודורש, אני מוחל ומכפר עוונותיהם של ישראל, ולא עוד אלא בשעה שעונין אמן יהא שמיה רבה מברך, אפילו נחתם גזר דינם אני מוחל ומכפר להם עוונותיהם. בא לפניו מי שיש בידו הגדה, אומר לו הקדוש ברוך הוא - בני, תלמוד למה לא שנית, שנאמר - כל הנחלים ההולכים אל הים והים איננו מלא, זה התלמוד, שיש בו חכמות הרבה. בא מי שיש בידו תלמוד, הקדוש ברוך הוא אומר לו - בני, הואיל ונתעסקת בתלמוד, **צפית במרכבה, צפית בגאוה,** שאין הנייה בעולמי, אלא בשעה שתלמידי חכמים יושבים ועוסקים בתורה, מציצין ומביטין ורואין והוגין המון התלמוד הזה - **כסא כבודי היאך הוא עומד. רגל הראשונה במה היא משמשת, שנייה במה היא משמשת, שלישית במה היא משמשת, רביעית במה היא משמשת, חשמל היאך הוא עומד, ובכמה פנים הוא מתהפך בשעה**

אחת, לאי זה רוח הוא משמש, הברק היאך הוא עומד, כמה פנים של זוהר נראין בין כתפיו, לאיזה רוח משמש, כרוב היאך הוא עומד, לאי זה רוח הוא משמש. גדולה מכולם עיון כיסא הכבוד, היאך הוא עומד, עגול הוא כמין מלבן, ומתוקן הוא, כמה גשרים יש בו, כמה הפסק בין גשר לגשר, וכשאני עובר באיזה גשר אני עובר, ובאי זה האופנים עוברים, ובאיזה גשר הגלגלים עוברים. גדולה מכולם מצפורני ועד קודקודי, היאך אני עומד, כמה שיעור בפיסת ידי, וכמה שיעור אצבעות רגלי. גדולה מכולם כיסא כבודי, היאך הוא עומד, לאיזה רוח הוא משמש, באחד בשבת לאיזה רוח הוא משמש, בשני בשבת לאיזה רוח הוא משמש, בשלישי בשבת לאיזה רוח הוא משמש, ברביעי בשבת, בחמישי בשבת, בששי בשבת לאיזה רוח משמשין, וכי לא זהו הדרי, זהו גדולתי, זהו הדר יופי, שבניי מכירין את כבודי במידה הזאת. ועליו אמר דוד - מה רבו מעשיך הוי"ה, כולם בחכמה עשית, מלאה הארץ קנייניך. עד כאן לשון המדרש. ממדרש זה לומדים על חובת כל אחד ואחד מישראל את לימוד כל חלקי הפרד"ס, ובעיקר את בחינת הסוד שבתורה, הנקרא[8] מעשה מרכבה, ובמעשה בראשית. ומבאר הרב בית יהודה על השינוי שיש בפסוקים במעמד הר סיני, בפסוק אחד כתוב - **ויחן שם ישראל** תחת ההר. ומספר פסוקים יותר מאוחר כתוב וירא **העם** וינועו מרחק. וידוע כי כאשר כתוב בתורה **ישראל**, מדובר **בבני ישראל**, וכאשר כתוב **העם**, מדובר על **הערב רב**. וז"ל הרב בית יהודה - ובזוהר בהעלותך דף קנ"ב ע"א קרי להעוסקים בחכמת האמת, אינון דהוי קיימי בטורא דסיני. וז"ל - חכמין עבדי דמלכא עלאה אינון דקיימו בטורא דסיני, לא מסתכלי אלא בנשמתא, דאיהי עיקרא דכלא אורייתא ממש וכו'. ונראה בעיני אם מותר, משמע אותן שאינם יודעים סודות התורה לא עמדו על הר סיני, עד כאן לשונו. ונראה לי בביאור כוונתו כי בתחילה כשיצאו ישראל לקראת האלהי"ם, היו מתייצבים בתחתית ההר, ואחר כך נאמר וירא העם וינועו ויעמדו מרחוק, כי היו יראים פן תאכלם האש הגדולה הזאת וימיתו. והיה מקצת מהעם שהיו ששים ושמחים לקראת השכינה, ולא רצו לזוז ממקומם הראשון, ולעמוד מרחוק, אפילו אם ימיתו ממש. ועליהם הוא מה שכתב בזוהר הנזכר - אינון דקיימו בטורא דסיני, כלומר ולא נעו ועמדו מרחוק, אלא עמדו בטורא דסיני מתחלה ועד סוף, ולכן הם זוכים לחכמת האמת. ואותם הנשמות אשר נעו עם העם ועמדו מרחוק, כן הם עושים גם עתה, שנסים ועומדים מרחוק לחכמת האמת מיראתם, פן תאכלם האש הגדולה הזאת. ולכן על כל אחד ואחד מבני ישראל הקדושים מחויב לעמוד תחת עץ החיים.

יראיך יראוני וישמחו כי לדברך יחלתי. בספר הזוהר הקדוש מבואר מדוע התפילות של בני ישראל לא נענות, וז"ל תיקוני הזוהר תיקון מ"ג - **בראשית תמן את"ר יב"ש** במלת בראשית יש אותיות את"ר יב"ש, **ודא איהו ונהר יחרב ויבש** היסוד הנקרא נהר יחרב ויבש ממי השפע, ואין לו מה להשפיע למלכות, **בההוא זמנא דאיהו יבש** באותו הזמן שהיסוד הוא יבש, **ואיהי יבשה** המלכות הנקראת יבשה, היא יבשה כי לא מקבלת שפע מהיסוד, אז כאשר **צווחין בניו לתתא** מתפללים וצועקים בני ישראל, **ביחודא ואמרין** וביחוד שאומרים בני ישראל **שמע ישראל** שיבא ז"א הנקרא ישראל להתיחד עם נוקבא בשעת התפילה דעמידה, עם כל זאת **ואין קול** של התפילה או הקריאת שמע שעוזרים לזיווג דזו"ן **ואין עונה** ואין מי שיענה וימלא את הבקשות בתפילתם. **הדא הוא דכתיב** וזהו שכתוב - **אז** בני ישראל יקראונני

גמרא חגיגה די"א ע"ב

בני ישראל בעת צרתם בקריאת שמע ובתפילה, **ולא אענה** ואני לא אענה אותם בתפלתם, מפני שלא לומדים ומתעסקים בפנימיות התורה. **והכי מאן דגרים דאסתלק** וכל מי שגורם הסלקות פנימיות תורת הקבלה **וחכמתא מאורייתא דבעל פה ומאורייתא דבכתב** מהתורה שבעל פה והתורה שבכתב, **וגרים דלא ישתדלון בהון** וגורמים גם לאחרים שלא יתעסקו וילמדו את חכמת הקבלה, **ואמרין דלא אית אלא פשט באורייתא ובתלמודא** ואומרים שאין בתורה ובתלמוד אלא פשט התורה, בלי פנימיות הסוד. **בודאי כאלו הוא יסלק נביעו מההוא נהר** בודאי נחשב לו כאילו הוא מסתלק את נביעת שפע החכמה והבינה מן היסוד, **ומההוא גן** ומן הנוקבא הנקראת גן, **ווי ליה** לאותו יהודי **טב ליה דלא אתברי בעלמא** טוב לו שלא היה נברא, **ולא יוליף ההיא אורייתא דבכתב ואורייתא דבעל פה** ולא היה לומד תורה שבכתב ותורה שבעל פה, כי דינו כעם הארץ שלא למד כלל, ועוד **דאתחשב ליה כאלו אחזר עלמא לתהו ובהו** שנחשב לו כאילו החזיר את העולם לתהו ובהו, ר"ל לסוד שבירת הכלים לפי שמגביר הקליפות כאשר הנהר והגן יבשים, **וגרים עניותא בעלמא ואורך גלותא** וגורם עניות בעולם ומאריך את הגלות השכינה וביאת המשיח. עד כאן דברי הזוהר הקדוש. וכותב רב חיים ויטאל זלה"ה בהקדמה וז"ל - אמנם שעשועות של הקדוש ברוך הוא בתורה, והיותו בורא בה את העולמו, היתה בהיותו עוסק בתורה בבחינת הנשמה הפנימית שבה, הנקרא - רזי תורה, הנקרא מעשה מרכבה, **היא חכמת הקבלה** כנודע אל היודעים, וטעם הדבר הוא להיותו עולם האצילות העליון מאד, טוב ולא רע, דלא יכיל להתערבא עמיה קליפה, ועליה אתמר - וכבודי לאחר לא אתן, כנזכר בספר התיקונין דף ס"ו תיקון י"ח, וכן בספר הזוהר בפרשת בראשית דף כ"ח ע"א עיין שם. ולכן גם התורה אשר שם [**אח**]"י - בעולם האצילות] איננה רק מופשטת מכל לבושי הגופנים, מה שאין כן למטה בעולם היצירה, עולם דמטטרו"ן, הנקרא עבד טוב, והוא הנקרא עץ הדעת טוב מסטרא, ומסטרא דסמא"ל שהוא קליפין דיליה, **נקרא עבד רע**, כי התורה אשר שם, הם שית סדרי משנה **הנקראים שפחה** כנזכר לעיל, וכנזכר בפרשת בראשית שם דף כ"ז ע"א. ולכן נקראת משנה, לפי ששם יש שינויים הפוכים **טוב מסטרא דעבד טוב**, היתר, כשר, טהור. **רע מסטרא דעבד רע**, איסור, טמא, פסול. גם הוא מלשון כי מרדכי היהודי משנה למלך, שהיה שפחה הנקרא עבד מלך, מלך גם נקרא מלשון שינה, כנזכר בפרשת פינחס דף רמ"ד ע"ב - קם זמנא תנינא ואמר, מארי מתניתין נשמתין ורוחין ונפשין דילכון אתערו כען ואעברו שינתא מניכון דאיהו, ודאי משנה אורח פשט, דהאי עלמא ואנא לא אתערנא בכו, אלא ברזין עילאין דעלמא דאתי דאתון בהון, לא ינום ולא ישן. וזה יובן במה שמבואר יותר למעלה שם - **ורבנן דמתניתין ואמוראי, כל תלמודא דלהון על רזין דאורייתא סדרו ליה**. ונמצא כי המשנה והש"ס הם הנקרא גופי תורה. והנה דבריהם כחלום בלי פתרון, **ורזיה וסתריה הפנימים הנקרא נשמת התורה, הם הם פתרון החלום הנפתר בהקיץ**, בסוד - אני ישנה ולבי ער, וכמו[9] שאמרו חכמים ז"ל - **במחשכים הושיבני כמתי עולם, זה תלמוד בבלי**, אשר איננו מאיר אלא על ידי ספר הזוהר, **הם הם רזי תורה וסתריה** אשר עליהם נאמר - ותורה אור. ואין ספק כי כמו שהיוצר נקראת עבד ושפחה בערך האצילות, ונקרא קליפין ולבושין דחול, כנזכר בהקדמת ספר התיקונין ד"ג ע"ב וז"ל - וביומי דחול לביש עשר כתות דמלאכיא דמשמשי לעשר ספירות דבריאה. ואם כן אין לתמוה כי התורה אשר שם שהיא המשנה, תהיה נקרא שפחה וקליפין דתורה דאצילות, וזה סוד כל הבשר חציר הנזכר

סנהדרין דכ"ד ע"א.

לעיל במאמר הראשון, כי כמו שהחטה שהיא בגימטריא כמנין כ"ב אותיות התורה, הגנוזה תוך כמה קליפין ולבושין שהם הסובין והמורסן והתבן והקש והעשב, הנקרא חציר, כן המשנה אצל סודות התורה נקרא חציר, וזה נרמז בספר הזוהר פרשת כי תצא ברעיא מהמנא דף רע"ה ע"ב - **אצל רבנן ווי לאינון דאכלין תבן דאורייתא, ולא ידעי בסתרי אורייתא, אלא קלין וחמורין דאורייתא, קלין אינון תבן דאורייתא, וחמורין אינון חטה דאורייתא, ח"ט ה' אלנא דטוב ורע וכו'.** ואלו באתי להרחיב דרוש זה לא יספיקו מאה קונטרסין בלי ספק בלי שום גוזמא, האמנם החכם עיניו בראשו כי דברי אמת אני אומר, ואל יתמה האדם בראותו ספר הזוהר איך קורא אל המשנה שפחה וקליפין, כי עסק המשנה כפי פשטיה, **אין ספק שהם ללבושין וקליפין חיצונים בתכלית אצל סודות התורה הנגנזים,** ונרמזים בפנימיותה כי כל פשטיה הם בעלם הזה בדברים חומרים תחתונים..... על כן על כל בני ישראל לאכול מעץ החיים.

מה אהבתי תורתך כל היום היא שיחתי. ומבאר הרב ז"ל בהקדמה לשער המצות, כי עסק לימוד פנימיות התורה הוא חלק בלתי נפרד מתלמוד תורה, וז"ל - גם בענין עסק התורה שהיא אחת מרמ"ח מצות עשה, אם לא השלים אותה, **שהוא ענין עסקו בפרד"ס התורה,** שהוא ראשי תיבות **פ**שט **ר**מז **ד**רש **ס**וד, בכל בחינה מהם כפי אשר יוכל להשיג, **עד מקום שידו מגעת,** לטרוח ולעשות לו רב שילמדנו. ואם לא עשה כן, הרי חסר מצוה אחת של תלמוד תורה, שהיא גדולה ושקולה ככל המצות, וצריך **להתגלגל** עד שיטרח הארבעה בחינות של פרד"ס כנזכר. וכן מבאר הרב בית לחם יהודה בהקדמתו הקדושה, וז"ל - ומה מאד נמלצו **[אח]"י** - מלשון מליצה[בזה דברי הנביא ירמיה)סימן כ"ב(באומרו - אל תבכו למת וכו'. שהוא מדבר עם הציבור המתקבצים להספיד על איזה צדיק הנפטר רח"ל, על שנחסר צדיק אחד מהדור שהיה מנין בזכותו עליהם. וקאמר להו הנביא אל תבכו וכו', **לפי שרובם של צדיקים אינם זוכים לעסוק בכל ארבעה חלקי הפרד"ס, ואם כן מוכרחים הם לחזור ולבוא בגלגול כדי להשלים לימודם בארבעה חלקים,** כי אפילו הוא עסק בשלוש חלקי הפרד"ס, לא יצא ידי חובתו, ועליו נאמר הן כל אלה יפעל א"ל פעמים שלש עם גבר, להחזירו בגלגול. ואם כן הויא פסידא דהדרא. ואפשר שבו ביום שנפטר הוא חוזר ומתגלגל, כנזכר בזוהר ריש פרשת אמור, יעו"ש. ואם כן אין לכם פסידא כל כך. אמנם בכו בכו להלך, לאותו צדיק שכבר עסק בארבעה חלקי הפרד"ס. כי תיבת להלך היא חסר ו', ואם תחשוב תיבת להלך ארבעה פעמים עם ארבעה הכוללים, שהם כנגד ארבעה חלקי הפרד"ס, הם בגימטריא פרד"ס. **שזה הצדיק לא ישוב עוד וראה את ארץ מולדתו, כי על ארבעה לא אשיבנו.** שזהו פסידא דלא הדרא באמת, ונחסר לגמרי מן העולם הזה, עד כאן לשונו. ולכן חובה על כל אדם לעסוק בכל חלקי הפרד"ס, ובפרט בחלק הסוד, הנקרא פנימיות התורה, כמבואר בזוהר הקדוש כמובא בזוהר הקדוש פרשת נשא דף קכ"ד - **בהאי חבורא דילך דאיהו ספר הזוהר יפקון ביה מן גלותא ברחמי,** בזכות הלימוד בספר הזוהר הקדוש, יצאו בני ישראל מהגלות ברחמים. ועוד כל מי שחשקה נפשו ללמוד, אסור למנוע זאת ממנו, בסוד הפסוק[10] - אל תמנע טוב מבעליו, ועל כל אדם להיכנס לפרד"ס החיים.

משלי ג' כ"ז – אל תמנע טוב מבעליו בהיות לאל ידך לעשות.

אשרי האיש אשר לא הלך בעצת רשעים ובדרך חטאים לא עמד ובמושב לצים לא ישב. דע כי יהיו הרבה אנשים רשעים, שינסו למנוע מבני ישראל הקדושים ללמוד בכללות תורה, ובפרט את תורת הקבלה, מכל מיני סיבות ומניעות, והשטן מדבר מגרונם של אלו הרשעים. ואלו דברי קודשו של בעל שבט מוסר רבינו אליהו הכהן האתמרי זצלה"ה - ובהביטד בן אדם מה שעבר על אחרים למה תרדוף אתה אחר כל אלה הדברים הזרים, להשביע נפש מרורים ולמוסרה ביד צרים המה המקטרגים הצוררים, ולמה לא תחמול ועל נפשך ועל נועם תבנית צלם גופך למוסרו בידן ולהשליכו בתוך גחלי רתמים בטיט היון של גיהנם, להשחירו ולהתיכו כאשר ניתך הזפת בפני האש, אשר על כן תן עצה אתה בנפשך **לברור בדרך החיים בעסק התורה והמצות,** וגם להצטער עצמך זמן קצוב הם חיי עולם הזה, כדי שתתענג זמן רב בלתי סוף ותכלית, ואל יעלה על דעתך כאשר עלה בדעת הרבה שנאבדו בידם באומרם כיון שמכיר אני בעצמי שאין בדעתי להבין ולהשכיל, איני עוסק בתורה, טועה הוא בדבר, שהרי הוא מחויב לעשות מה שנצטוה לעשות, ואם יבין יבין, **שהרי והגית בו יומם ולילה כתיב** ולא כתיב ותבין בו, וכן תמצא בדברי התנא אם למדת תורה הרבה נותנין לך שכר הרבה, ואינו אומר אם הבנת הרבה, אלא למדת אמרו, ותשתדל להבין ואם תבין תבין, ואם לא שכר לימודך בידך, וכמאמר התנא לפום צערא אגרא, ומה גם שאמרו האדם איני לומד מפני שאיני מבין, **הוא פתוי היצר**, יתמיד בלימודו וסוף הבינה לבא, שבראות קדוש ברוך הוא **חשקו בתורתו** ודבקותו בה, **פותח לו מעייני החכמה,** דכתיב - כי הוי"ה יתן חכמה מפיו דעת ותבונה. והנני מוסר לך דבר אשר תרדוף אחריה, ויהיה חיים לנפשך וענקים לגרגרותיך, **לעולם יהיה עיקר לימודך בדבר של תורה שליבך חפץ יותר,** אם בגמרא גמרא, ואם בדרוש דרוש, ואם ברמז רמז, **ואם בקבלה קבלה,** ורמז לדבר כי אם בתורת הוי"ה חפצו, כלומר תורת הוי"ה תלויה בדבר שלבו חפץ לעסוק, וכמו שמבאר האר"י זלה"ה בספר דרושי הנשמות והגלגולים פרק שלישי, וז"ל - יש בני אדם שכל חפצם ועסקם בפשטי התורה, ויש שעסקם בדרוש, ויש ברמז, ויש גם כן בגימטריות, **ויש בדרך האמת,** הכל כפי מה שעליו נתגלגל בפעם ההוא, כיון שהשלים פעם אחרת בשאר העניינים, אין צורך לו שבכל גלגול יעסוק בכולם, עד כאן לשונו. **ואל תביט ותשגיח לדברי המתנגדים על מה שחשקת לעסוק בתורה** בגמרא או בפשט או בדרוש וכו', באומרם לך למה אתה מוציא כל ימיך בפרט זה של תורה ולא בפרט זה, משום שעל מה שחשקת ללמוד, על דבר זה באת לעולם, ואם תשים דעתך לדבריהם, יכריחוך להתגלגל בזה העולם פעם אחרת ולעבור נפשך בחרב חדה של מלאך המות ולטעום טעם מיתה, ולכן לא תשמע לדברי המשחית נפשך, **כי דע שהשטן מתלבש באלו האנשים לדאוג ולהצטער ולהכאיב נפש הלומד ועוסק בתורה,** בחלק שֶׁאָוְתָה נפשו לעסוק, כדי להבדילו משם שלא ישלים נפשו, על מה שבא להשלימה, ולהכריחו גלגולים אחרים, וכשם שבדבר שחושק יותר האדם ללמוד, משם יבין שעל דבר זה נתגלגל להשלים, כך צריך האדם שידע שורש נשמתו ומהיכן נמשך ועל מה בא לתקן ולהשלים, כמו שאמר בזוהר שיר השירים הגידה לי את שאהבה נפשי וכו'. **וכדי שיבין יראה באיזה מצוה תקיף יצרו יותר לבטלה יתחזק בה לקיימה, כי בוודאי על מצוה זו נתגלגל,** וכדי שלא ישלים חוקו מנגדו יצרו לבטלה להוציאו מן העולם בידים ריקניות... ולכן לא תשמע לדברי רשעים אלו, אלא תשמע לדברי חיים.

חבר אני לכל אשר יראוך ולשמרי פקודיך. בסוף[11] עץ חיים מובא מספר כללים למהרח"ו, וז"ל - להאר"י זלה"ה. הרמב"ן וחביריו ודברי ראשונים כמו רבי נחוניא בן הקנה לא הזכירו רק עשר ספירות, ולא גילו עניני פרצוף כלל. **ודע שהרמב"ן והראשונים היו יודעים בפרצוף**, אלא שדברו בהעלם גדול, לרוב הגלות שלא ניתן רשות לגלות, ולהתפשט האורות הגדולים, מאחר שגברו הקליפות, וכל זר לא יאכל קדש. **אמנם בעקבות משיחא כמו בדורינו זה התחילו האורות להתפשט להיות כבראשונה**, כמו שהיה בזמן העולם מתוקן ולהתתקן מעט. ומתחלה היו האורות סתומים, היה העולם מקולקל, וכל מה שנתקלקל נסתם בגלות, ולא היו משיגין אלא עשר ספירות בסתום, בסוד הנקודות, כל אחד כלול מעשר, ובענין הפרצופים לא נתגלה להם כלל, לפי שמצאו בדברי הראשונים סתומים, ולא ידעו עומק הדברים, וחשבו שכך הוא ודברו בעשר ספירות כל אחד כלול מעשר ובבחינות הרבה, ולפי שראיתי מי שחולק על דברים אלו לאמור שלא מצינו אלא עשר ספירות, ומהיכן יש לשלוט כח לאמור כמה פרצופים שנמצא יותר מעשר ספירות, ומספר רב והלא הראשונים כתבו בספר יצירה - עשר ולא תשע, עשר ולא י"א, לזה באתי לפתוח לך כחודא דמחטא, אולי תזכה להבין מקצת, וכולו לא תשורנו עין, וזהו. ובהקדמתו[12] הקדושה כותב הרב ז"ל - והנה אין בכל דור ודור שלא נמצאו בו אנשים יחידי סגולה ששרתה עליהם רוח הקודש, והיה אליהו הנביא ז"ל נגלה עליהם, **ומלמד אותם סתרי החכמה הזאת**, וכמו שנמצא כתוב בספרי המקובלים, גם בעל ספר הרקנטי כתב בפרשת נשא בפרשת ברכת כהנים..... ואנשי לבב שמעו לי, אל יהרסו אל הוי"ה, **לראות בספרי האחרונים הבנויים על פי השכל האנושי**, ושומע לי ישכון בטח ושאנן מפחד רעה. ולכן אני הכותב הצעיר חיים ויטאל, רציתי לזכות את הרבים **בהעלם נמרץ והמשכילים יבינו**, וקראתי שם הזה החבור על שמי **ספר עץ חיים**, וגם על שם החכמה הזאת העצומה, חכמת הזוהר, הנקרא עץ חיים, ולא עץ הדעת כנזכר לעיל, בעבור כי בחכמה הזאת טועמיה חיים זכו, וזכו לארצות החיים הנצחיים, **ומעץ החיים הזה ממנו תאכל, ואכל וחי לעולם**. ואשכילך ואורך דרך זו תלך דע מן היום אשר מורי זלה"ה החל לגלות זאת החכמה, **לא זזה ידי מתוך ידו אפילו רגע אחד**, וכל אשר תמצא כתוב באיזה קונטריסים על שמו ז"ל, ויהיה מנגד מה שכתבתי בספר הזה, **טעות גמור הוא, כי לא הבינו דבריו, ואם יש בהם איזה תוספות שאינו חולק עם ספרינו זה, אל תשית לבך בקבע אליו, כי שום אחד מהשומעים את דברי קדשו, לא ירדו לעומק דבריו וכוונתו, ולא הבינום**, בלי שום ספק. ואם יעלה בדעתך לחשוב שתוכל לברור הטוב ולהניח הרע, אל בינתך אל תשען, כי אין הדברים האלו מסורים אל לב האדם כפי שכל אנושי, והסברא בהם סכנה עצומה, ויחשב בכלל קוצץ בנטיעות חס ושלום, לכן הזהרתיך ואל תסתכל בשום קונטרסים הנכתבים בשם מורי זלה"ה, זולתי במה שכתבנו לך בספר הזה, **ודי לך בהתראה זאת**, אלו הם דברי קדשו. ועלינו ללמוד אך ורק בתורת מורינו חיים.

אני קראתיך כי תענני אל הט אזנך לי שמע אמרתי. עוד כתב הרב ז"ל בהקדמתו תנאים כדי לזכות לחכמה הקדושה הזאת, וז"ל - אני הכותב משביע בשמו הגדול יתברך, לכל מי שיפלו

---

[11] ע"ח ח"ב דקי"ט ע"א.

[12] ע"ח ד"ד ע"ב.

הקונרטסים אלו לידו, שיקרא הקדמה זאת, ואם אותה נפשו לבוא בחדרת החכמה זאת, יקבל עליו לגמור ולקיים כל מה שאכתוב ויעיד עליו יוצר בראשית, שלא יבוא אליו היזק בגופו ונפשו, ובכל אשר לו, ולא לאחרים. תחת רודפו טוב והבא לטהר ולקרב. **ראשית הכל יראת הוי"ה, להשיג יראת העונש, כי יראת הרוממות, שהוא יראה הפנימית, לא ישיגוהו רק מתוך גדלות החכמה**, ועיקר מגמתו בידיעה הזה יהיה לבער קוצים מן הכרם, כי לכן נקראים העוסקים בחכמה הזאת מחצדי חקלא. **ובודאי שיתעוררו הקליפות נגדו לפתותו ולהחטיאו, לכן יזהר שלא לבוא לידי חטא אפילו שוגג**, שלא יהיה להם שייכות בו, ולכן צריך ליזהר מהקלות, כי הקדוש ברוך הוא מדרדק עם הצדיקים כחוט השערה, לכן צריך לפרוש עצמו מבשר ויין כל ימות השבוע, **וצריך הזהרת סור מרע ועשה טוב**, ובקש שלום. בקש שלום צריך להיות רודף שלום, ולא להקפיד בביתו על דבר קטן וגדול, וכל שכן שלא יכעוס ח"ו.

וצריך להתרחק בתכלית הריחוק סור מרע.

א. ליזהר בכל דקדוקי מצות, ואפילו בדברי חכמים, שהם בכלל לא תסור.

ב. לתקן המעוות קודם שיבא לעולם הבא.

ג. יזהר מהכעס, אפילו בשעה שמוכיח את בניו, לא יכעוס כלל ועיקר.

ד. גם צריך ליזהר מהגאוה, ובפרט בענין הלכה, כי גדול כחה והגאוה, בזה עון פלילי.

ה. בכל צער שיבא לו, יפשפש במעשיו וישוב אל הוי"ה.

ו. גם יטבול בעת הצורך לו.

ז. גם יקדש את עצמו בתשמיש המטה שלא יהנה.

ח. שלא יעבור כל לילה ויחשוב בכל לילה מה שעשה ביום, ויתודה.

ט. גם ימעט בעסקיו ואם אין לו פרנסה כי אם על ידי משא ומתן, יכין יום שלישי ויום רביעי, מחצי היום ואילך, ובכוונה שהוא לעבודת קונו.

י. כל דבור שאינו של מצוה והכרחי, יהיה זהיר ממנו, ואפילו דבר מצוה ימנע בשעת התפלה.

ועשה טוב

א. לקום בחצי הלילה, ולעשות הסדר בשק ואפר ובכי גדול, ובכוונה כל אשר יוציא בשפתיו. ואחר כך יעסוק בתורה כל זמן שיוכל להיות בלי שינה, ובלבד שחצי שעה קודם עלות השחר יתעורר לעסוק בתורה.

ב. ילך לבית הכנסת קודם עלות השחר, קודם חיוב טלית ותפילין, להיזהר שיהיה מעשרה ראשונים.

ג. קודם שיכנס, ישים אל לבו מצות עשה ואהבת לרעך כמוך, ואחר כך יכנס.

ד. להשלים רמז צדיק בכל יום. שהוא צ' אמנים, ד' קדושות, י' קדישים, ק' ברכות.

ה. שלא להסיח דעתו מהתפילין בעת התפילה, זולת בעת העמידה ועסק התורה.

ו. צריך שיהיה עוסק בתורה, מעוטף בטלית ותפילין.

ז. לכוין בתפלה הכוונות, כמו שנבאר בע"ה.

ח. שישים תמיד נגד עיניו שם בן ארבעה אותיות הוי"ה, ויזדעזע ממנו, כמו שכתוב - שויתי הוי"ה לנגדי תמיד.

ט. שיכוין בכל הברכות, בפרט בברכת הנהנין.

י. צריך שיהיה עמל בתורה פרד"ס, שנאמר או יחזיק במעוזי, ואל יחשוב שיגלו לו רזי התורה בהיותו ריק, כדכתיב - יהב חכמתא לחכימין, וצריך ליזהר שלא יוציא בשפתיו בחכמה זו, מה שלא שמע מאדם שראוי לסמוך עליו, וכאזהרת רשב"י וחבריו. השגת החכמה תנאי הראשון, צריך למעט דבורו, ולשתוק, כל מה שיוכל כדי שלא להוציא שיחה בטילה, כמאמר רז"ל - סייג לחכמה שתיקה. גם תנאי אחר, על כל דבר תורה שלא תבינהו, תבכה עליו כל מה שתוכל. גם עלית הנשמה בלילה לעולם העליון, שלא תשוט בהבלי העולם, תלוי שתישן בבכיה. ומרת עצבות מגונה עד מאוד, ובפרט להשיג חכמה, והשגה אין לך דבר מונע השגה יותר מזה. גם בענין השגת האדם, אין לך דבר שמועיל כמו הטהרה והטבילה, שיהיה האדם טהור, בכל עת ומורי זלה"ה עם היות שהיה לו חולי השבר שהקור מזיק לו, עם כל זה לא היה מונע מלטבול בכל עת, עד כאן דברי קודשו. ועלינו לקיים את בקשת הרב ז"ל את הבחינות של[13] סור מרע ועשה טוב, כדי לטפס בעץ החיים.

מרן הרש"ש מעיד[14] על עצמו, וז"ל - וראיתי מה שכתבו מעלת כבוד תורתם, על ענין עבודת הוי"ה שקצרתי במקום שהיה ראוי להרחיב מעט הדיבור, אמת הוא כי לכתחילה קצרתי בו, **יען ראיתי כמה מהנזק יצא ממה שכתבו בזה המקובלים שקדמו, כי רבים חללים הפילו, וחלול כבוד הוי"ה, וכבוד התורה. הוי"ה יכפר בעדם, כי כל דבריהם לא על פי התורה הם, ואינם מיוסדים על האמת, ומהם יצאו אבות, ומאבות תולדות הריסת יסודי התורה ח"ו, הוי"ה יכפר. וכל זה לא שלמדתי בדבריהם ח"ו**, אלא שפעם אחת הוכרחתי בעל כרחי לעיין בדף אחד שכתוב בו קצור מה שכתבו בענין זה, **וכמעט שקרעתי בגדי לראות דברים אשר לא כן על הוי"ה.** הוי"ה יכפר, וכבר מילתי אמורה להם, **כי עידי בשמים כי כל עסקי ולמודי, אינו רק בדברי האר"י זלה"ה, ותלמידו מהרח"ו ז"ל לבדם, ובלעדם אין לי עסק בשום ספר מספרי המקובלים ראשונים ואחרונים, ואפילו בדברי שאר תלמידי האר"י ז"ל לא למדתי, וכשיזדמן לפני דבר מדבריהם, אני מדלגו.** כי על כן איני כמזהיר, אלא כמזכיר, למען הוי"ה, אל יהי לכם מגע יד בדבריהם, ובפרט בענין זה, השמרו לכם פן יפתה לבבכם, **אלא כל לימודם לא יהיה אלא בעץ חיים ובספר מבוא שערים ובשמונה שערים המפורסמים**, שכולם דברי אלהי"ם חיים. ואני קצרתי בענין זה כל מה שאפשר, כי יראתי פן יפלו דפים אלו ביד מי שעדיין לא למד דברי האר"י ז"ל כראוי, **ויחשידני שלמדתי בספרים אחרים, ולא כן הוא כאמור**, ולכן קצרתי בו, ופיזרתי בהקדמה, עד כאן דברי קודשו של מרן הרש"ש. ואנחנו תפילה שיתגלה משיח צדיקנו במהרה בימינו, ומלאה[15] הארץ דעה את הוי"ה כמים לים מכסים, דעת תורת החיים.

13

תהלים ל"ד ט"ו – סור מרע ועשה טוב בקש שלום ורדפהו.

14

נהר שלום דף ל"ד ע"א.

15

ישעיהו י"א ט' – לא ירעו ולא ישחיתו בכל הר קדשי כי מלאה הארץ דעה את הוי"ה כמים לים מכסים.

כתב רבינו גאון הקבלה רבי אליהו מני, רבו של הרי"ח הטוב, רבי יוסף חיים בעל הספר "בן איש חי", בספרו הקדוש **כסא אליהו** כי על הלומד ללמוד כל מאמר ומאמר ארבעה חמשה פעמים בלי המפרשים, וינסה להבין את המאמר בעצמו. ואחר כך ילך לראות אם כיוון לדעת המפרשים.

וכן אני הקטן מבקש בכל לשון של בקשה, ללמוד את הדרוש כמו שהוא מובא בספר עץ חיים, ארבעה חמישה פעמים, כדי לנסות להבין את הדרוש. וכל דרוש מובא בתחילת הספר במלואו.

אחר כך יכנס ללמוד את הדרוש עם ביאור הדברים, עוד ארבעה חמישה פעמים, ואחר כך יראה את המקורות להגהות, ודברי רבותינו הקדושים, עם התרשימים וטבלאות.

ואז יעלה ויצליח בלימוד תורת האר"י החז"י.

כתב רבינו **השד"ה** רבי שאול דוויק הכהן, בהקדמת ספרו איפה שלימה, על אוצרות חיים וז"ל - וכדי שיוכל לעלות לימודו למעלה, ריח ניחוח לה'. קודם כל לימוד ימסור עצמו על קדושת ה', כי זה מועיל מאוד, כמו שכתוב בשער הכוונות דף כ"ד ע"ב, כי עתה בזמנינו בעוונותינו הרבים אין יכולת לעשות זווג כתיקונו למעלה, ולסיבה זו הקץ מתארך וכו'. אמנם עם כל זה יש קצת תיקון במה שנמסור נפשינו על קידוש ה' בכל הלב, כי על ידי כן אפילו אין בנו שום מעשים טובים, והרשענו עד להפליא. הנה על ידי מסירת נפשינו להריגה, מתכפרים עונותינו כולם, ויש בנו יכולת לעלות עד אימא עילאה, כמו שאמרו חז"ל - גדולה תשובה שמגעת עד כסא הכבוד, שנאמר - שובה ישראל עד ה' וכו', עד כאן דבריו.

וזה הסדר

יקבל עליו ארבע מיתות בית דין, מארבעה אותיות הוי"ה וארבעה אותיות אדנ"י, וליחדם על ידי ארבעה אותיות אהי"ה ועל ידי עסמ"ב

סקילה	י **א** וליחדם על ידי **א**	יוֹד הֵ"י וִיו הֵ"י
שרפה	ה **ד** וליחדם על ידי **ה**	יוֹד הֵ"י וָאו הֵ"י
הרג	ו **נ** וליחדם על ידי י	יוֹד הֵא וָאו הֵא
וחנק	ה **י** וליחדם על ידי **ה**	יוֹד הֵה וו הֵה

לְשֵׁם יִחוּד

קֻדְשָׁא בְּרִיךְ הוּא וּשְׁכִינְתֵּהּ

יאהדונהי

בְּדְחִילוּ וּרְחִימוּ   וּרְחִימוּ וּדְחִילוּ

יאההויהה   איההיוהה

לְיַחֲדָא אוֹתִיּוֹת י"ה בּו"ה, בְּיִחוּדָא שְׁלִים

יהו"ה

בְּשֵׁם כָּל יִשְׂרָאֵל, לְאַקְמָא שְׁכִינְתָּא מֵעַפְרָא, הָרֵינִי לוֹמֵד בְּסֵפֶר קַבָּלָה פְּלוֹנִי שֶׁהוּא כְּנֶגֶד תִּפְאֶרֶת דז"א בְּעוֹלָם הָאֲצִילוּת שֶׁבּוֹ שֵׁם מ"ה כְּזֶה יו"ד ה"א וָא"ו ה"א לַעֲשׂוֹת מֶרְכָּבָה. וִיהִי רָצוֹן מִלְּפָנֶיךָ ה' אֱלֹהֵינוּ וֵאלֹהֵי אֲבוֹתֵינוּ שֶׁתְּזַכֵּךְ רוּחֵנוּ וּנְפַשֵׁינוּ שֶׁיְּהִי רְאוּיִם לְעוֹרֵר מַיִן תַּתָּאִין עַל יְדֵי קְרִיאַת סֵפֶר הַקַּבָּלָה הַזֹּאת. וִיהִי נֹעַם יְהֹוָה אֱלֹהֵינוּ עָלֵינוּ וּמַעֲשֵׂה יָדֵינוּ כּוֹנְנָה עָלֵינוּ וּמַעֲשֵׂה יָדֵינוּ כּוֹנְנֵהוּ.

בָּרוּךְ ה' לְעוֹלָם אָמֵן וְאָמֵן, נֶצַח, סֶלָה, וָעֶד.

שער ו' פרק ז'

וצריך עתה לבאר מה הארה היתה נמשכת אל האורות התחתונים בעת עליית אורות העליונים מהם כמו שהתחלנו לבאר למעלה ענין זה. וכדי לבאר ענין זה יתבאר לך כלל גדול שיצטרך לך בכל שאר מקומות והוא ענין אור ישר ואור חוזר מתתא לעילא כנזכר בתיקונים ובזהר במקומות רבים. דע כי אין ספק כי לעולם השגחת השפעת המאציל בנאצלים אינה נפסקת אפי' רגע א' ואף גם בהיות פגם בתחתונים שאז (נ"א נמצא ניצוצי) האורות העליונים מחזיריו פניהם מן התחתונים ומסתלקין מהם ועולין למעלה עכ"ז השגחת הארה עליונה המוכרחת להחיות התחתונים די ספוקם אינה נפסקת כלל כמ"ש ע"פ כי רגע באפו חיים ברצונו. ובודאי הוא שלא תהיה תהיה הארה זו הנמשכת מן המאציל המאיר בתחתונים בעת הסתלקות האורות למעלה דומה אל הארה הנמשכת בתחתונים בעת ירידת אורות העליונים למטה להאיר בתחתונים. ונמצא עתה ב' בחי' אורות נמשכין מן המאציל לתחתונים א' הוא בעת ירידת האורות למטה. והב' הוא בעת הסתלקות האורות למעלה זאת דרך עליה וזאת דרך ירידה. ואמנם (נ"א כשרצון בעליונים) כאשר יש רצון ויש כח בתחתונים ושלימות לקבל אור העליון של המאציל אז האורות העליונים חשקם וחפצם להאיר למטה ועי"כ הופכים פניהם למטה להמקבלים לירד להאיר בהם דרך פנים בפנים מאירים ואמנם כשאין שלימות בתחתונים והאורות מסתלקים הם הופכים (נ"א והופכים) פנים אל המאציל אשר כוונתן לעלות שם ומחזיריו את אחוריהן נגד המקבלים התחתונים ואז אותו הארה שמאירה בתחתונים בעת ההיא באה דרך אחוריהם ומאחוריהם מקבלים התחתונים הארה המוכרחת להם כדי חיותם ולא יותר.

והנה האור הנמשך דרך ירידה הוא אור ישר ורחמים ונק' אור פנים. ואור החוזר דרך עליה נק' אור חוזר ואור אחור ודין. והנה ב' בחי' אלו נמצאים בכל הי' ספירות. אמנם יש חילוק ביניהן בבחי' אור חוזר והוא זה כי הנה כאשר אור הכתר מסתלק ועולה למעלה והופך פניו כנגד המאציל ואחוריו למטה כנגד החכמה הנה אז החכמה מקבלת אור חוזר ההוא הנמשך מן המאציל ע"י אחור א' לבד שהיא אחור הכתר. אמנם בעלות החכמה גם היא אל המאציל וגם היא תתהפך אז אחוריה למטה אל הבינה אז מקבלת הבינה אור החוזר הנמשך מהמאציל דרך ב' האחוריים שהם אחור הכתר ואחור החכמה. וכעד"ז בכל הספירות עד שנמצא כי המל' תקבל אור הנמשך לה מן המאציל דרך ט' אחוריים. וכבר נתב"ל כי אור האחוריים הם הדינין א"כ כל מה שנתרבו האחוריים יהיה האור הנמשך דין קשה ויותר חזק והרי זה חילוק א' בענין ריבוי אחוריים או מעוטן. והנה עוד יש חילוק אחר בענין איכות אחוריים בעצמן שאין כולן שוין שאין אחוריים של חסד דומין לאחוריים של גבורה כי האחוריים של גבורה הם דינין קשים עד מאד וכעד"ז בכל ספי' בחי' הדנין אשר באחוריהם אינם שוין זה לזה. כי ספי' הת"ת אשר מקבל האור דרך אחוריים של הגבורה יהיה דין קשה עד מאד יותר מאשר למעלה ממנו. ונמצא כפי החילוקים שיתהוו באור החוזר ההוא הנמשך לו אם נמשך דרך אחוריים

רבים או מועטים או אם יהיה דרך אחוריים ממותקים או קשים בערך ההוא יהיה אור החוזר
ההוא או דין קשה או דין רך או דין ממוצע וכיוצא בזה פרטים אחרים רבים מובנים מעצמן.
והנה כל העניינים האלו היו באלו הי"ס בעולם העקודים)נ"א הטעמי' האלו היה בערך ההוא
באלו בעולם העקודים(והנה כדי שנבין היטב בחי' אור ישר וחוזר פנים ואחור אבאר לך
למציאות זה בזו"ן ומשם תקיש אל השאר.

פֶּרֶק ז' מ"ת[16].

דרוש זה מקורו מספר אדם ישר וצריך לכתוב מ"ב בראש הדרוש.

דרוש זה הוא חזרה לפרק ה', והמשך וסיום[17] לפרק ו' דשער זה. צריך לדעת כי המלכות **דעקודים היא עטרת היסוד**. עוד[18] **צריך לדעת** כי כל עולם העקודים הוא רק בחינת **כלי אחד, כלי הכתר**, שבוא מתלבשים עשרה אורות, ואפילו שהרב ז"ל מבאר שיש עשר כלים בעקודים, הכוונה שהיא עשר כלים הפרטים של הכתר דעקודים, **וזכור זה ואל תשכח**. גם כן צריך לדעת כי אופן עשיית[19] הכלים דעקודים הוא במספר שלבים.

וצריך עַתָּה לחזור ולבאר מה עִנְיַן הָאָרָה זו אשר **הָיְתָה נמשֶׁכת** מן המאציל[20] שהוא פה דא"ק **אֶל הָאוֹרוֹת הַתַּחְתּוֹנִים** דרך האחוריים של הספירות, **בְּעֵת** הסתלקות **וַעֲלִיַּת אוֹרוֹת**

16

דרוש זה הוא לא מספר אוצרות חיים, יש כאן טעות סופר, שכתב מ"ת. וצריך להיות מ"ב, מפני דרוש זה מספר אדם ישר.

17

כרם שלמה ש"ו פ"ו אות א' – הפרק הזה הוא סיום דפרק דלעיל, והוא שכתב לעיל בריש פרק ו' וז"ל - ואחר כך **בחזרתן לעלות למעלה הנה נמשך האור בבחינת אור חוזר, עד כאן לשונו**. ועל זה כתב כאן ההארה הזאת הנמשכת בעת חזרת הספירות לעיל מה עניינה, אם היא הארה של בנין הספירות, או אם הארה של חיות, או הארה של זיווג, או אם היא בבחינת אור של רחמים, או דין. ועל זה בא לפרש הכל כאן.

18

ע"ח ש"ז פ"א מ"ק ד"ל ע"א – הנה קודם מציאות העקודים לא היה האור העליון יכול להתלבש בשום כלי, כי לא היה יכולת בכלים לסובלו, ושם היה האור בלתי מתלבש בכלי. עד שהגיע התפשטות האור הגדול ההוא אל בחינת העקודים. **ושם נעשה מציאות כלי אחד אל האור הגדול ההוא**, ואז התחיל האצילות להיות בו איזה מציאות הגבלת האור, מה שלא היה יכול להיות הדבר עד עתה. אמנם תחלה היה האור כולו של החלקים המגיעים לאצילות כולם, נעלמים תוך כלי אחד לבד, **ואותו הכלי היה בו בחינת כלי של כתר העליון**. אחר כך נתפשט האור יותר למטה מבחינה הנזכרת לכל, הנקרא עקודים, ואז נעשית עשר כלים, **אך כולם עדיין בסוד בחינת כלים דכתר**.

19

אופן עשיית הכלים דעקודים נעשית במספר שלבים, ובמספר דרכים, והם:

א - בטישת והכאת אור פנימי באור מקיף זה בזה, פרק א' דשער העקודים.

ב - יצאו מחוץ לפה דא"ק וקנו עביות, פרק ג' דשער העקודים.

ג - חזרת האורות למאציל, ונתרחק האור ממקומו ג' ספירות שלימים, פרק ג' דשער זה אמצעי ולא מטי.

ד – נפילת הניצוצות מהכאת האור הבא בדרך אחוריים באור הרשימו, פרק ה' דשער העקודים.

ה - עליית כל עצמות האורות דעקודים לפה דא"ק, פרק א' דשער זה מטי ולא מטי.

ו - נשאר הכתר בתוך הפה דא"ק ולא יצא בפעם השניה מפה דא"ק, פרק ג' דשער העקודים.

ז - אור הפנימי דעקודים נכנס ויוצא מהכלים בסוד מטי ולא מטי, שער מטי ולא מטי.

20

כלל – כל בחינה עליונה הקראת מאציל בערך הבחינה התחתונה.

ע"ח ש"ו פ"ו מ"ב דכ"ח ע"ד – וכן על דרך זה עד תשלום חזרת כל י' אורות בשרשם, שהוא המאציל והוא)נ"א והנה(בחינת הפה דא"ק, כמו שביארנו כי הוא)ענין(השורש שלהם.

17

הָעֶלְיוֹנִים מֵהֶם מדרגה אחרי מדרגה לפה דא"ק, **כְּמוֹ שֶׁהִתְחַזַּלְנוּ לְבָאֵר** בפרק ו'[21] **וּלְמַעְלָה** בפרק ה'[22] דשער העקודים **עִנְיַן זֶה.**

וּכְדֵי לְבָאֵר עִנְיַן זֶה דאור חוזר, **יִתְבָּאֵר**[23] **לְךָ** עכשיו **כְּלָל גָּדוֹל שֶׁיִּצְטָרֵךְ לְךָ** לדעת **בְּכָל שְׁאָר מְקוֹמוֹת, וְהוּא עִנְיַן** ב' בחינות של אורות שיש בכל עולם ועולם, האחד **אוֹר יָשָׁר** היורד מהמאציל ומאיר לתחתונים, והשני הוא **אוֹר חוֹזֵר מִתַּתָּא לְעֵילָא**[24] שהוא האור היורד מהמאציל

ע"ח ח"ב שמ"ב פ"א מ"ב דפ"ט ע"ג – ודע כי על דרך זה הוא בכל העשר ספירות שבכל עולם ועולם, וכן בפרטות בכל פרצוף ופרצוף, כי לעולם כל בחינה ובחינה **נקרא עליונה מאציל, ותחתונה נאצל.**

כרם שלמה ש"ו פ"ז אות י"ז – וכדי שלא תטעה שהמאציל המוזכר כאן הוא המאציל העליון שהוא הא"ס, לזה הוצרך לפרש כאן, המאציל שהוא הפה דא"ק, שהוא האציל לאלו העשרה ספירות דעולם העקודים, שהם מן הפה ועד הטבור. כמו שכתוב בשער ההקדמות דט"ז ע"א וז"ל - ונמצא כי העשרה שורשים הנזכרים, שהם בפה דא"ק, בחינת המלכות שבהם היא אשר האצילה אלו העשר ספירות הנקרא עקודים, והיא נקראת מאציל אליהם, עד כאן לשונו. וזה מה שכתב כאן, כי הוא השורש שלהם.
21

כרם שלמה ש"ו פ"ז אות א' – ומה שכתב כמו שהתחלנו לבאר למעלה ענין זה, פירוש לעיל בפרק וא"ו.
22

ע"ח ש"ו פ"ה מ"ת דכ"ז ע"א – והנה נודע כי כשבאו הספירות של העקודים היו פניהם למטה, כי כוונת ביאתן היה להאיר למטה, לכן פניהם היו דרך המקבלים. אבל בחזרתן לעלות למעלה, אז הפכו פניהם למעלה נגד המאציל, ואחוריהם למטה. והנה בעלות הכתר אל המאציל, **אין ספק כי לעולם אין אור המאציל נפסק אפילו רגע אחד מן המקבלים הנאצלים**, רק ההפרש הוא כי בעת ההיא אשר הכתר היה עולה למעלה, אז האור ההוא היורד מהמאציל יורד ממנו אל הספירות)נ"א האחרת והיה בא(דרך אחוריו, שהרי הוא הפך פניו למעלה, ואחוריו לנאצלים, והיה דינין כנ"ל,)נ"א ואם כן אותו האור הבא אל הספירות הוא בא דרך אחורי הכתר, והוא דין(. ועל דרך זה בשאר ספירות, בעת שהיו חוזרין ועולין.
23

כרם שלמה ש"ו פ"ז אות א' – ומה שכתב, יתבאר לך כלל גדול יצטרך בכל שאר מקומות וכו', רוצה לומר כי מה שכתב הזוהר והתיקונים, אור חוזר מתתא לעילא, אין הענין כפשוטו, שהאור נובע ובא מהתחתונים ועולה למעלה. כי ידוע הוא כי כל האורות הם באים מן המקור העליון, שהוא המאציל. ולא עוד, אם כן מה פירוש של אור החוזר שהוא מתתא לעילא.
24

כאן, בסוגיה בפרקין הרב ז"ל מבאר כי האור החוזר הוא אור שנמשך מהמאציל דרך אחורי הספירות המסתלקות למאציל, ומאיר לתחתונים. בדרך כלל הרב ז"ל ומרן הרש"ש מגדירים ומבארים כי האור החוזר הוא **אור החוזר מלמטה למעלה**, ובונה ספירות ופרצופים.

תרשים ח – א.

וצריך המעיין לדעת אם מדובר בסוגיה באור החוזר היורד דרך האחוריים כמו בסוגיה זאת, או באור העולה מלמטה למעלה, או האור המתפשט מלמעלה, או באורות החסדים העולים במרוצה. וכן הוא בסידור הקדוש לרש"ש.

תרשים ח – ב.

יש עוד בחינת אור חוזר, אור היורד מהמאציל בדרך התפשטות למטה שלב אחר שלב הנקרא **רבוע** והוא לחיות העולמות.

תרשים ח – ג.

ע"ח ח"ב שכ"ה דרוש ב' מ"ק ד"ד ע"ב – והנה כיון שברדתן אין להם מחיצות המעכבות, והם בחינת מים כנ"ל, והנה כיון שטבע המים היורדין דרך מורד בלי עיכוב, ירצו במרוצה גדולה ולא יטו אל הצדדין, ולכן אלו ב' חסדים תחתונים וב' שליש של החסד האמצעי, ברדתן יורדין דרך יושר במרוצה גדולה עד היסוד דז"א, ולא

יתפצלו אל הצדדין, ליישאר זה בנצח, וזה בהוד, וזה בתפארת. אמנם אחר ירידתן במרוצה מכח הכנסתן באור יושר במרוצה, **חוזרין תכף לעלות בסוד אור חוזר**, ואז בעלייתן מיסוד עצמו הם מתפצלין לג' קוין במקומם, זה בנצח, וזה בהוד, וזה בתפארת, כי דרך השלהבת או העשן בעלייתן מתתא לעילא, ומוציא פנוי אויר בלי מחיצות, מתפשט אל הצדדין, ועולה ולא ביושר ממש.

ע"ח ש"ו פ"ח מ"ב דכ"ט ע"ב – אמנם עם כל זה לא יחפוץ המאציל ב"ה בהשחתת העולם, ומאיר לתחתונים שיעור חיות ומזון ושפע הראוי לעצמן בלבד, ולא להוציא תוספת נשמות חדשות, וכיון שהשפעת אור זה בלתי רצונו, הנה הוא ממשיך אליהם אור מחיצוניותו בלבד, שהוא אור מספיק לחיות העולמות די הכרחן, ולא יותר. על כן נקרא אור חיצוניות, ונקרא אור האחור, שהוא היפך פניו בכעס עמהם, בסוד דומה דודי לצבי, ומאיר להם אור ההכרח עם היותו מסתלק, ואינו נותן להם אלא אז בהפיכת האחוריים אל התחתונים, ונקרא אור דין לסבה זו, **ונקרא אור חוזר**. כי בעת חזרתו והסתלקות למעלה שלא להשפיע בהם שפע גדול, אז נמשך להם אור ההכרחי הזה. ונקרא אור נקבה על ב' סבות על דרך הנ"ל, אם לפי שהוא כדרך טבע הנקבה שמקבלת ואינה משפעת, ואם בסבה שאין בה כח להוליד נשמתין כמו הזכר, אלא בחינת המזון לבד, כמו שכתוב ותתן טרף לביתה וגו'. שהם שמות אלהי"ם, שהוא דין. גם יש עוד חילוק אחר שאור ישר כמעט שהוא נפרד ממקומו, כדי לרדת ולהשפיע לתחתונים, לכן הויו"ת שלהם פשוטות ומלאים, כולם הם הויו"ת באותיות נפרדות זו מזו. **אמנם אור החוזר הוא רבוע כזה** א', א"ל, אל"ה, אלה"י, אלהי"ם, שתמיד האותיות הם מחוברים להורות שהם עולין ומחוברים זו בזו, עד שמתחברין עם שרשם ומאצילם, כי רצונם להסתלק מן התחתונים. גם יש חילוק אחר כי המוחין של בחינת חיה אשר בז"א הבאים מחכמה, הם הגורמים זווג זו"ן כדי להוציא נשמות חדשות, והם בחינת פנים, כי הוא זכר והמוחין דז"א. מצד אימא הנקרא נשמה, הם ענין אחור, והם נקבה.

שער המצות, פרשת תצוה – הדלקת המנורה, כתיב - ויקחו אליך שמן זית וכו'. והנה המנורה היא נוקבא דז"א, העומדת אחור באחור עמו, וכל עיקר תיקונה ובניינה הוא על ידי ב' החסדים שבנצח והוד דז"א, שהם אורות מגולים. וכבר ביארנו עניינם, כי כשיורדים החסדים במרוצה מיסוד דאימא בעת יציאתם אשר בחזה, יורדים בכח ובמרוצה גדולה עד היסוד דז"א, ובכח ההכאה חוזר **חוזר לעלות בסוד אור חוזר מתתא לעילא**, ומכח האור חוזר ההוא, אז יוצא הארה ההיא לחוץ באחורי הנצח והוד, ונתנים בנוקבא כנזכר, **כי אין הנקבא נבנית אלא בסוד אור חוזר**, ולא באור ישר.

נהר שלום דכ"ב ע"ב – וענין אור ישר ואור חוזר בכללות ובקיצור נמרץ. הוא זה, הנה ברדת האור ממקורו לתקן עשר ספירות של איזה פרצוף או של הצלם דמוחין, הנה הוא מתפשט ביושר ועושה עשר ספירות דכתר של הבחינה ההיא, מכתר ועד המלכות שבו. ומכח ריבוי ומרוצת האור עד למטה, **חוזר האור מתתא לעילא**, ועולה עד מקורו שבכתר דכתר, ובהעלותו מתתא לעילא עושה עשר ספירות לכתר מבחינת אור החוזר ההוא, כנגד עשר ספירות דיושר דכתר, ונשלם פרצוף הכתר של הפרצוף ההוא. וחוזר ומתפשט האור מעילא לתתא ביושר, ועושה עשר ספירות דיושר דחכמה, דעשר ספירות ההם מכתר שבו עד מלכות שבו, **וחוזר ועולה מתתא לעילא**, ועושה עשר ספירות לחכמה מבחינת אור חוזר, כנגד עשר ספירות דיושר דחכמה, וחוזר ומתפשט האור מעילא לתתא ביושר, ועושה עשר ספירות דיושר לבינה, דעשר ספירות ההם, **וחוזר ועולה ועושה עשר ספירות לבינה מבחינת אור חוזר**, כנגד עשר ספירות דיושר שבה, ונשלם פרצוף הבינה של הפרצוף ההוא. וכן על דרך זה עושה עד תשלום העשר ספירות של הפרצוף ההוא, או הצלם ההוא של המוחין. ועל דרך זה היה בעשר ספירות דפרטי פרטות דפרצוף ההוא.

ע"ח ח"ב דרוש ה' דע"א ד"ג – גם דע כי א' שבתוך הוא"ו דמ"ה וס"ג, הוא בחינת אהי"ה, כי א' דמילוי וא"ו דס"ג הוא עצמו מתלבש באות וא"ו דמילוי מ"ה, שהוא גימטריא אדם, והוא בחינת אהי"ה. אלא שברדתה למטה להתלבש **בא'** זו דמילוי וא"ו הוא סוד אחוריים דאהי"ה, א', א"ה, אה"י, אהי"ה, שהוא גימטריא דם, שהוא הנפש הנקרא דם, כמו שכתוב - כי הדם הוא הנפש, ושיעורו הוא רביעית, שהלא הוא רבוע של שם אהי"ה שיש בו גם כן ד' אותיות. וזה סוד רביעית דם הנזכר בגמרא שהוא נקרא דם הנפש ורביעית דם, הנפש זו שהוא אות א' דמילוי וא"ו דס"ג מתלבש תוך א' דמילוי וא"ו דמ"ה, שהוא גימטריא אדם, וזה סוד שופך דם האדם באדם. והרי שבחינת נפש לבד, שהוא רביעית דם דאהי"ה כנ"ל, הוא מתלבש **בא'** וא"ו דמ"ה, ונעשה רקיע שהוא בחינת בשר שהוא לבוש של דם הנפש לבדה יותר עב מלבוש הנקרא מים, שנעשה משם ס"ג כנ"ל. והנה בחינת מים נקרא הוי"ה אלהי"ם כנ"ל. אך עתה שחזרה להתלבש בשם

דרך אחורי הספירות העולות, ומאיר לתחתונים[25], **כנזכר בתיקונים ובזוהר במקומות רבים**
ענין הבחינות של אור ישר ואור חוזר.

דע[26] **כי אין ספק כי לעולם השגזות השפעת המאציל בנאצלים, אינה נפסקת אפילו רגע אזזד**[27] כי הבורא יתברך מחיה את כולם בכל רגע ורגע, ואם תפסק השפעת[28] המאציל

מ"ה עצמו על דרך הנ"ל לבוש שנית יותר עב, עתה נקרא אלהי"ם בבחינת אחוריים כנודע, בסוד רבוע, כי אות א' דס"ג שהוא אהי"ה ירדה, ונתלבשה, ונתפשטה, בבחינת אחוריים דילה בתוך א' דמ"ה, והיתה שם בחינת רביעית דם האדם, והיא עצמה בחינת רקיע, שהיא בחינת רביעית דם הנ"ל. והנה מצד אות הא' נעשה בכאן שם אלהי"ם בסוד רבוע, ואז נעשה רקיע, כי בשם זו נקרש ונתגלה עכירות המים, כי הקליפה נודע שנאחזין בשם אלהי"ם, ובפרט באחוריים. והרי נתבאר ג' בחינות ע"ב ס"ג מ"ה, שהם בחינת אור מים רקיע, שהוא מוח בשר ודם, ובחינת האור הוא העצמות ממש, הנמשך מד' יודי"ן דבחינות א' דשם ע"ב.
כלל בסוגיה זאת – אור חוזר הוא אור הנמשך מהמאציל, כתוצאה מסתלקות האור הישר למאציל. אור זה נמשך **מהמאציל** דרך אחורי הספירות המסתלקות, ומאיר בתחתונים.
25

ע"ח ש"ו פ"ה מ"ת דכ"ז ע"א – והנה זה הרשימו הוא מן האור הראשון שהיה יורד דרך יושר, ואור הבא ביושר הוא רחמים, **והאור הבא בדרך חזרה למעלה הוא אור חוזר, והוא דין.** והנה הרשימו זה הוא דרך יושר והוא רחמים. והנה נודע כי כשבאו הספירות של העקודים, היו פניהם למטה, כי כוונת ביאתן היה להאיר למטה, לכן פניהם היו דרך המקבלים. אבל בחזרתן לעלות למעלה אז הפכו פניהם למעלה נגד המאציל, ואחוריהם למטה, והנה בעלות הכתר אל המאציל, **אין ספק כי לעולם אין אור המאציל נפסק אפילו רגע אחד מן המקבלים הנאצלים**, רק ההפרש הוא כי בעת ההיא אשר הכתר היה עולה למעלה, **אז האור ההוא היורד מהמאציל יורד ממנו אל הספירות)נ"א האחרת והיה בא(דרך אחוריו**, שהרי הוא הפך פניו למעלה ואחוריו לנאצלים, והיה דינין כנ"ל,)נ"א וא"כ אותו האור הבא אל הספי' הוא כ"פ הוא בא דרך אחורי הכתר והוא דין(ועל דרך זה בשאר ספירות, בעת שהיו חוזרין ועולין.
ע"ח ש"ו פ"ו מ"ב דכ"ח ע"א – הנה בעולם העקודים בעת ירידת האורות של העשר ספירות שבו למטה, היה אור נמשך להם מן המאציל בבחינת אור ישר, **ואחר כך בחזרתן לעלות למעלה, הנה נמשך להם האור בבחינת אור חוזר.** וצריכים אנו להודיעך עתה בהקדמה אחרת כוללת כל העולמות)נ"א כלולה בכל המקום(, והוא בענין חזרת האורות אל המאציל, כי זולת מה שביארנו במקום אחר, כי אף על פי שהם עולין ומסתלקין, **הנה הם ממשיכין מלמעלה למטה מן המאציל, בחינת אור הנקרא אור חוזר.**
26

כרם שלמה ש"ו פ"ז אות ב' – דע כי אין ספק כי לעולם וכו'. פירוש כי ב' מני השפעות יש. מלבד השפעת הבנין, והם אחד השפעת אורות של חיות, והשני השפעה של זיווג. ובא להשמיענו כאן כי בעת הרצון תמיד הם נמצאים הב' השפעות הללו. אבל בעת הפגם, והוא כשיש עונות בתחתונים, ומוכרח הוא שהספירות העליונים הם מסתלקים למעלה, כל אחד כפי מדרגתו, כדי שלא יגיע הפגם בהם. עם כל זה אותה ההשפעה שהיא נמשכת להם בסוד החיות, אינה נפסקת מן התחתונים אפילו רגע אחד, כי אם יפסק רגע אחד, אין העולמות מתקיימים, ואין רצון המאציל בזה, בהשחתת העולם.
27

אור החיים, ויקרא כ"ב י"ב – עוד יש לך לדעת, כי כל כל אשר יצר וברא ועשה הוי"ה, הכל עומד למזון ולמחיה מעולם העליון, שאליו יקרא עולם האצילות, והוא אור היו"ד שבשמו יתברך, והמזון ההוא יקרא קודש, והוא מקור החיות, והאושר, והטוב. והגם כי כל הנבראים יורד להם חיות, **כי זולת החיות אין נברא,** והוא סוד אמרו ואתה מחיה את כולם, עם כל זה ישתנה השפע בהתרחקותו, כאשר ישתנה הצומח מן הארץ כשמתרחק מהיניקה. ועשה הוי"ה ככה, לתת לכל אחד כפי בחינתו, וכפי אשר ישיג בטהרתו.
28

בעולמות ח"ו אפילו רגע אחד, יתבטלו כל העולמות, והשפעת וחיות המאציל בנאצלים היא בסוד[29] ואתה מחיה את כולם, וזאת הסיבה מדוע אין העולמות מתבטלים אפילו כשיש פגם בתחתונים, כאשר ח"ו התחתונים לא עובדים את הבורא יתברך◆ הרב ז"ל רומז[30] כי פגם התחתונים פוגם גם בעולם העקודים, ובעולמות שמעל העקודים, בסוד[31] מאד

ע"ח שכ"ג פ"ו מ"ק דק"ח ע"ב – והנה בכל פעם שרוצין להמשיך להם מוחין, צריך שתחלה יזדווגו או"א, ומשם ימשכו המוחין לזו"ן. אמנם בזווג ההוא צריך שיעלו שיעלו זו"ן מ"ן, וענין העלאתן מ"נ הוא המוח שלהם, שהם בחינת נשמה הפנימים שלהם. והנה קודם שיעלו בסוד מ"ן, צריכין לקבל הארה מלמעלה, ואי אפשר לקבלם אם לא על ידי זיווג או"א. ופירוש הדבר כמו שכתוב שב' זוונים יש באו"א, אחד זווג הוא בסוד חיצוניותיהן, והוא תמיד להחיות העולמות, חיות מוכרח לצורך עצמן, **ואם זה הזיווג יתבטל אפילו רגע אחד, יתבטלו כל העולמות ח"ו.**
29

נחמיה ט' ו' – אתה הוא הוי"ה לבדך את עשית את השמים שמי השמים וכל צבאם הארץ וכל אשר עליה הימים וכל אשר בהם **ואתה מחיה את כלם** וצבא השמים לך משתחוים.
30

ע"ח ש"ו פ"ה מ"ת דכ"ז ע"ג – והנה מכאן תוכל להבין איך יש גם בעולם העקודים מציאות ביטול מלכים בצד מה, כמו כדמיון אותם מלכים שמלכו בארץ אדום, שמתו ונתבטלו כנזכר בדרוש עולם הנקודים, שהרי ענין התעלמות האורות של העקודים ועליתן במאצילם, הוא גם כן ביטול מלכים בכאן, דוק ותשכח. אמנם ההפרש אשר ביניהן הוא זה כי כאן בעקודים היה הקלקול על מנת לתקן, וסותר על מנת לבנות, כי זה היה עיקר הכוונה לעלות, כדי לעשות בחינת כלים, אבל בנקודים היה ביטול ומיתה גמורה ממש. ואמנם לפי שמן העקודים התחילו הכלים להתגלות קצת, לכן גם בכאן היה קצת ביטול, **והמשכיל יבין כי גם**)נ"א כאן(**בא"ק היה כל אותו צמצום שביארנו למעלה.** גם אותם שנתבאר לקמן בע"ה בענין צאת הנקודים ממנו, איך צימצם עצמו, ופריס חד פריסה בטיבורא דיליה, כל זה קרוב לביטול המלכים, **ודברים אלו אסור להרחיב בהם ולהוציאם בפה,** והמשכיל יבין.

ע"ח ש"ו פ"ג מ"ת דכ"ו ע"א – ובזה תעמיק ותראה כמה עמקו מחשבותיו יתברך, כי אפילו עולם עליון של העקודים, אינו רק בבחינת נפש לבד.

יפה שעה)א(**ע"ח ש"ו פ"ג** – ומזה תעמיק ותראה כמה עמקו מחשבותיו יתברך, כי אפילו עולם העליון של עקודים, אינה רק בחינת נפש לבד כו'. לא ידעתי מה מלמדנו, והלא בחינת נפש של עליון גדול מאד מאד מכל בחינות דנרנח"י שלם דעולם שתחתיו, ואין צריך לאמר מעולמות אחרים שלמטה ממנו. ומלכות דעולם האצילות נעשה עתיק דעולם הבריאה, וכן מלכות דא"ק נעשה עתיק לאצילות, כמו שכתב רז"ל בשער האצילות פרק א' וב'. וא"ק בעצמו אינו אלא עיגולים בחינת נפש, ויושר שבו בחינת רוח, כמו שכתב רז"ל. נמצא לא עלה למעלה ממדרגת הרוח, ואף על פי כן ממנו יוצאים אורות ומדרגות, ומתפרטים לנרנח"י, ונרנח"י מנרנח"י עד אין קץ וסוף. אם לא שכוונת רז"ל לאשמועינו דבשלמא שאר המדרגות של למעלה מעולם העקודים, כל אחד ואחד מתחילה משעת ראשונה שנאצל, נאצל כפי בחינתו הראוי לו, כרצון המאציל העליון ברוך הוא, ולא הוצרך להעלות פעם אחרת כדי להשתלם כמו עולם העקודים, שישתבח ויתפאר שמו, בכוונה מכוונת האציל והוציאם מחוסרי המדרגות כראוי להם. והיה זה כלי שיצטרכו להעלות פעם אחרת במאצילם, להשלים מדרגותיהם הראוי להם. ונמצא כל אותו שלמות שקונים אחר כך, אינו בא להם אלא בסוד תוספת, עומד וקאי כל ימות עולם, בסוד מטי ולא מטי. וכי יש רצון וכשרון מעשים בעולם, קאי בסוד התפשטות האורות. ולא יעלה ולא יבוא להפך, קיימי האורות בסוד הסתלקות, כמו שכתב רז"ל לקמן בסוד כי רגע באפו. והרי זה דומה לסוד הסתלקות המוחין שמסתלקין מזעיר אנפין שלא בעת רצון. ונמצא שורש ההסתלקות מתחיל מכאן ממקום גבוה כזה, כל שכן וקל וחומר מן כל פרצופי האצילות, ודבר גדול עמוק מאד דיבר הנביא, וצריך לעיין בעיון נמרץ ועמוק, כמו שכתב רז"ל בפרק ג' דשער סדר האצילות, כן נראה.

בית לחם יהודה ש"ו פ"ג – ובזה תעמיק ותראה כמה עמקו מחשבותיו יתברך. עיין להרב יפה שעה, ובשמן ששון אות ה', ונראה לעניות דעתי שכוונת הרז"ל לומר שהשם יתברך עשה זה בכוונה מכוונת, כדי שיהיה זה שורש לעולם הנקודים, כדי שגם הם יצאו בבחינת מלכיות, ושאר המ"ה והב"ן יבוא להם בסוד תוספת, כדי שיוכלו לחזור ולהסתלק בעת הפגם, כמו שכתב בשער י"א, ויהיה בעולם שכר ועונש, ויצאו מדותיו לפועל להקרא רחום וחנון. ולזה אמר כמה עמקו מחשבותיו וכו', לומר שאם העיקר כטעם האחד בשביל לעשות כלי

עמקו מחשבתיך. **וְאַף גַּם בִּהְיוֹת פְּגָם בַּתַּחְתּוֹנִים**[32] כאשר ח"ו בני ישראל לא עושים רצונו של מקום, **שָׁאז (נ"א נִמְצָא נִיצוֹצֵי) גַּם הָאוֹרוֹת הָעֶלְיוֹנִים** שהם האורות דעקודים **מַזְהִירִין פְּנֵיהֶם**

בעולם העקודים, היה אפשר שיצאו העקודים שלימים בנרנח"י, ויחזור המאציל ויצמצם אור העקודים למעלה בפה בשרשם העליון, ואז יתהווה בחינת הכלי כצמצום א"ק לצורך עולם הנקודים, אף על פי שלא היו אורות א"ק חסרים כלום, ולא עלו להשתלם)אש"ל(.

איפה שלימה ד"ג ע"ב)יא( )ע"ח ש"ו פ"ג – כמה עמקו מחשבותיו וכו'. עיין להרב יפה שעה בפרק ג' אות א', ובספר שמן ששון אות ה' יעו"ש. ונראה לעניות דעתי שכוונת הרז"ל לומר שהשם יתברך עשה זה בכוונה מכוונת, כדי שיהיה זה שורש לעולם העקודים, כדי שגם הם יצאו בבחינת מלכיות, ושאר המ"ה והב"ן יבוא להם בסוד תוספת, כדי שיוכלו לחזור ולהסתלק למעלה בעת הפגם, כמו שכתב הרז"ל בסוד עשרה מאמרות נברא העולם. ועל ידי זה יהיה זה שכר ועונש, ויצאו מדותיו לפועל להקרא רחום וחנון וכו', ואמר כמה עמקו וכו', לימד שאם שאם העיקר הוא דווקא כטעם הראשון שכתב הרז"ל, בשביל לעשות כלי בעולם העקודים היה אפשר שיצאו אורות העקודים שלימים בנרנח"י, והמאציל העליון יחזור ויצמצם אור העקודים למעלה בפה בשורשם העליון, ואז יתהווה בחינת הכלי, כמו שמצינו שנתצמצמו אורות הנה"י דא"ק, כדי להוציא עולם הנקודים. אף על פי שלא היו אותם האורות חסרים כלום, ולא היתה עליתם כדי להשתלם.

31

תהלים צ"ב ו' – מה גדלו מעשיך הוי"ה מאד עמקו מחשבתיך.

32

ע"ח שי"א פ"ו מ"ת דנ"ב ע"ג – ועתה צריך לתת טעם אל כל הנ"ל, מה נשתנו נקודות זו"ן מנקודות הג"ר. דע כי כל העולם כולו מתנהג על ידי זו"ן, וכמו שהם נקראו בנים של או"א, גם אנחנו נקראים בנים של זו"ן, בסוד בנים אתם להוי"ה וגו', וגם כי הכתוב אומר - כי אמרתי עולם חסד יבנה, ר"ל שהעולם מבחינת החסד ואילך, שהם ז' תחתונים, שהם ז' כללות זו"ן, וזה סוד ז' ימי בראשית כנודע, ולכן כל הפגם שגורמים התחתונים על ידי מעשיהם הרעים, אינו מגיע בג"ר, שהם א"א, ואו"א, רק בז' תחתונים שהם זו"ן. והנה גם בזו"ן עצמן יש שינוי ביניהן, כי פשוט הוא שאין הפגם הנוגע בנוקבא שוה אל הפגם הנוגע עד ז"א ממש, שהוא גדול ומעולה ממנה, והחילוק שיש בזה הוא כי)על ידי(הפגם המגיע עד נוקבא לבד, אפשר שיהיה כח בפגם ההוא אם יהיה החטא גדול, באופן שיגרום שיסתלקו ממנו תשעה חלקים כולם, ולא ישאיר בה רק חלק עשירית, שהוא כתר שבה. אבל בז"א אין כח בפגם מעשה התחתונים שיסתלקו ממנו הו"ק, רק הג"ר לבד. וצריך לתת טעם לזה, ובכלל הדבר נבאר מה שכתבנו לעיל, כי ביציאת נקודת ז"א יצאו ו' חלקי תחתונים, ולא ג' ראשונות, ובנקודות הנוקבא יצאה נקודה העליונה, כתר שבה בלבד, וט' חלקי התחתונים לא יצאו. אמנם ב' הטעמים לב' השאלות האלו הם נתלין זה בזה, והענין תלוי כמו שכתוב בפרקי אבות - בעשרה מאמרות נברא העולם, וכך פירוש הדבר, שבחינת הז"א שהוא עולם, מתחיל מהחסד ולמטה, והוא נקרא עולם בסוד - אמרתי עולם חסד יבנה, מחסד ואילך יבנה כנ"ל, ובחינה זו הנקרא ז"א היה המאציל העליון יכול לבוראו מחובר יחד כל העשר ספירות שבו, ולא להיותן עשר מאמרות נפרדות זו מזו, ולא היה בדרך ג"ר, שהם א"א, ואו"א, שכל עשר חלקיהם יצאו מחוברים יחד כנ"ל. ונתן לזה טעם ואמר - להפרע מן הרשעים כו', פירוש כדי להיות בעולם הזה שכר ועונש לצדיקים ולרשעים, ולכן היה הדבר הזה שיהיה זו"ן מחולקים לעשר חלקים, שהם עשרה מאמרות, ולא יצאו כלולים יחד על דרך ג' נקודות הראשונים. **והטעם הוא לפי שכפי גודל שיעור הפגם שיפגמו הרשעים, כך יגרעו במאמרות האלו**, ויפרע אז מהם כפי הערך ההוא, וכן להיפך זה אצל הצדיקים. והנה הפגם המגיע אל נוקבא דז"א יש בחינת פגם שיגרום שיסתלק ממנה חלק א', ויש שיגרום לסלק ב' חלקים, ועל דרך זה עד שאפשר שיהיה בחינת פגם שיגרום שיסתלקו ממנה הט' חלקים תחתונים, ולא ישארו בה רק חלק אחד העשירי העליון בלבד, שהיא הכתר שבה, אשר זה סוד מה שנאמר אל הירח - לכי מעטי את עצמך, והבן זה. ואמנם אם מה שהיה נשאר קיים ממנה לא היה חלק העליון מכולם, אלא האחרון שבכולם, על דרך הז"א שנשארים התחתונים, ומסתלקים העליונים, הנה אז לא היה כח כלל בחלק ההוא, ואז אפילו אותו החלק היתה מתבטל להיות תחתון שלה, והיה נחרב ומתבטל העולם, ולכך הוצרך שחלק הנשאר יהיה העליון שבה, שהוא הכתר שבה, מחמת היותה כולה נתונה תוך הקליפה, כמבואר בסוד - רגליה יורדות מות. והנה)נ"א והוא(החלק הזה הנשאר הוא בעצמו בחינת החלק שיצא מתחלה קודם התיקון כנ"ל, כי אז לא

בֵּן הַתַּחְתּוֹנִים כדי שלא תהיה אחיזה לחיצונים, וּמִסְתַּלְּקִין האורות העליונים מֵהֶם ר"ל מהתחתונים, וְעוֹלִין האורות לְמַעְלָה לשרשם.

עם זאת אפילו כשיש פגם בתחתונים, והאורות העליונים מסתלקים עִם כָּל זֶה הַשְׁגָחַת הָאָרָה עֶלְיוֹנָה מהמאציל נשארת, ולא נפסקת אפילו לרגע אחד, והיא הַמּוּכְרַחַת כדי לְהַחֲזִיר את הַתַּחְתּוֹנִים דִּי סְפוֹקָם, כדי שיכלו התחתונים לעמוד על קיום ולא יתבטלו[33] בסוד[34] הפסוק[35] א"ל זועם בכל יום, כי לא יחפוץ המאציל ב"ה בהשחתת העולם, והארה זאת אֵינָהּ נִפְסָקַת כְּלָל כי אם תפסק אפילו רגע אחד השגחת המאציל[36], יתבטלו כל העולמות, ויחזרו לאפס, כְּמוֹ שֶׁנִּתְבָּאֵר[37] עַל פָּסוּק[38] כִּי[39]

יצא מכל חלקי נקודת נוקבא דז"א רק חלק עשירית ממנה, והוא עליון שבה. **וטעם הדבר כי כל דבר שבא בתחילה, בבחינת שורש ועיקר, אינו מסתלק אחר כך בעת הפגם, אמנם מה שבא לה בסוד תוספת בעת התיקון, שהם ט' חלקים האחרים, אלו הם מסתלקים בעת הפגם**, מה שאין כן מה שבאו מתחלה קודם התיקון, בסוד שורש ועיקר, שאז אם יפגמו התחתונים לא יוכלו להסתלק. ואם תאמר ויותר טוב היה שלא יסתלקו, לזה ביאר הטעם ואמר להפרע מן הרשעים כו', ויהיה שכר ועונש)ודין ורחמים(, ודין ודיין, ובהסתלק יפרע מן הרשעים על שגרמו הסתלקות לבחינת היותן עשר מאמרות נפרדות, כי אם יצאו מחוברים כאחד, לא יהיו מסתלקים. וזה שאמר - שמאבדין את העולם שנברא בעשרה מאמרות, פירוש ואלו נברא במאמר אחד כלול מכולם, לא היה זה כך, וכן על דרך זה לתת שכר טוב לצדיקים, שמחזירין אותן אחר הסתלקותן, מה שאין כן אם לא היו מסתלקין מעליהן על ידי הפגם, לא היה שכר לצדיקים המחזירין אותן, והבן זה.
33

ע"ח ש"ו פ"ח מ"ב דכ"ט ע"ט – אמנם כשאין התחתונים ראוים, האורות מסתלקים וחוזרין למעלה, שאינם רוצים להאיר למטה. אמנם עם כל זה **לא יחפוץ המאציל ב"ה בהשחתת העולם**, ומאיר לתחתונים שיעור חיות, ומזון, ושפע הראוי לעצמן בלבד, ולא להוציא תוספת נשמות חדשות. וכיון שהשפעת אור זה בלתי רצונו, הנה הוא ממשיך אליהם אור מחיצוניותו בלבד, שהוא אור מספיק לחיות העולמות די הכרחן, ולא יותר.
34

גמרא עבודה זרה ד"ד ע"א – רב פפא רמי, כתיב - א"ל זועם בכל יום, וכתיב - לפני זעמו מי יעמוד, לא קשיא, כאן ביחיד, כאן בצבור. תנו רבנן א"ל זועם בכל יום, וכמה זעמו, רגע, וכמה רגע אחת, מחמש ריבוא ושלשת אלפים ושמונה מאות וארבעים ושמנה בשעה, זו היא רגע, ואין כל בריה יכולה לכוין אותה רגע, חוץ מבלעם הרשע, דכתיב ביה - ויודע דעת עליון.
35

תהלים ז' י"ב – אלהי"ם שופט צדיק וא"ל זעם בכל יום.
36

ע"ח שט"ו פ"א מ"ב דע"ה ע"ב – ואמנם ענין שינוי ב' זווגים אלו, כי כאשר מזדווג אבא עם אמא, על ידי חכמה שלו, שהם סוד הנקודות כנודע, כי כל השמות שיש בחכמה הם בנקודות, אבל אותיות השמות שהם בבינה, אין בהם ניקוד. והנה כשמזדווג אבא עם אמא מבחינת חכמה שלו, אז השמות הם מנוקדים, אז הוא זווגא שלים, שהוא זווג חכמה עם בינה. אבל כאשר הזווג הוא מבחינת בינה דאבא, שהם שמות בלתי ניקוד, אז נקרא זווגא דלא שלים, כי נקרא זווג בינה עם בינה, כי הרי אין אבא מזדווג עם אמא אלא אלא בבחינת בינה שבו, והבן מאד. והנה זה היא משארז"ל - נשבע הקדוש ברוך הוא שלא יכנס בירושלים של מעלה, שהוא זווג או"א, עד שיכנס בירושלים של מטה, שהוא זווג שלים דזו"ן לגמרי, גם מצינו בזוהר באדרא זוטא דאו"א לא מתפרשין לעלמין, והוי זווגייהו תדיר, והנה מצינו במקומות רבים דאמא מתארכת מעל בנין, ואין לה זווג כנזכר בתקונים על - שלח תשלח את האם, ועל פסוק - ובפשעכם שולחה אמכם. אבל הענין מובן עם הנ"ל, כי זווג השלים שהוא זווג דאו"א בבחינת חכמה, שהם הנקודות, זה נפסק בעונותינו מימות החורבן, וכמו שכתוב פרשת פקודי דרבנ"ג ע"א על היכל אהבה, כי מן החורבן ואילך לא נכנסו שם הנשמות חדשות, **אמנם זווגא דלא שלים שהוא לחדש נשמות ישנות, או להחיות העולמות, אין זווג זה נפסק לעולם.**

רֶגַע בְּאַפּוֹ חַיִּים בִּרְצוֹנוֹ ר"ל כי פגם התחתונים גורם להפסקת השפע אליהם, והוא לרגע אחד בלבד, וזה סוד **כִּי רֶגַע בְּאַפּוֹ**. עם כל זאת מיד חוזר האור ומאיר, מבחינת אור חוזר, שהוא אור מועט כדי חיות העולמות, וכדי קיומם, והוא ברצונו יתברך שלא יתבטלו העולמות, וזה סוד **חַיִּים בִּרְצוֹנוֹ**, ר"ל ברצונו, ואינו תלוי במעשי התחתונים.⦁

הרב ז"ל מבאר את ההבדל שיש בין האור הישר לאור החוזר ביחס לתחתונים. וכאשר יש פגם בתחתונים **בּוֹדַאי הוּא, שֶׁלֹּא תִהְיֶה הָאָרָה** זו שהיא מוחין דקטנות **הַנִּמְשֶׁכֶת מִן הַמֵּאֲצִיל** לחיות העולמות, והיא בחינת אור חוזר **הַמֵּאִיר בַּתַּחְתּוֹנִים בְּעֵת הִסְתַּלְּקוּת הָאוֹרוֹת לְמַעְלָה**, דגדלות **דּוֹמָה אֶל הָאָרָה הַנִּמְשֶׁכֶת בַּתַּחְתּוֹנִים בְּעֵת יְרִידַת אוֹרוֹת הָעֶלְיוֹנִים** שהם בחינת אור ישר **לְמַטָּה לְהָאִיר**]דכ"ט ע"א 57[**בַּתַּחְתּוֹנִים** כאשר הם עושים את רצונו יתברך.⦁

וְנִמְצָא עַתָּה עַתָּה ב' בְּחִינוּת של **אוֹרוֹת הַנִּמְשָׁכִין מִן הַמֵּאֲצִיל** מלמעלה למטה **לַתַּחְתּוֹנִים, הָאֶחָד הוּא** אור ישר שבא **בְּעֵת יְרִידַת הָאוֹרוֹת לְמַטָּה** והוא בחינת מוחין דגדלות, המשפיע לתחתונים בעת שעושים רצונו של מקום.⦁ **וְהָאוֹר הַשֵּׁנִי הוּא** בחינת אור חוזר, הנשפע מהמאציל דרך אחורי הספירות העליונות לתחתונים, והוא כדי חיותם, ואור זה נשפע מהמאציל **בְּעֵת**

שער הכוונות, דרושי כוונות קריאת שמע, דרוש ו' – דע כי למעלה באו"א, יש ב' מיני זווגים, האחד הוא כדי לתת קיום וחיות ומזון אל כל העולמות, ולקיימם קיום ההכרחי להם, אמנם זווג הזה הוא תדירי, ואינו נפסק שום רגע, כי אם יפסק רגע אחד, יתבטלו כל העולמות מקיומם והוייתם. והשני הוא כדי להמשיך ולתת מוחין לזו"ן, כדי להוליד נשמות בני אדם התחתונים בעולם הזה. ונודע כי נשמות של הצדיקים הם פנימיות העולמות, והזיווג הזה איננו מוכרח להיות תדיר, ולפעמים נפסק, ובזה יתבאר לך שינוי מאמרי רז"ל, כי במקום אחד מהמזוהר משמע שפגם התחתונים מטי האי פרודא עד או"א. וכדוגמא זו מצינו בדברי רז"ל - נשבע הקדוש ברוך הוא שלא יכנס בירושלם של מעלה, והוא סוד זווג אבא ואימא הנקרא ירושלים של מעלה, עד שיכנס בירושלם של מטה, והוא סוד זווג ז"א בנוקבא הנקראת ירושלם של מטה. ומצינו בזוהר במקום אחר - דלעילא באו"א לא מתפרשן לעלמין, וזווגייהו תדיר, **בסוד ונהר יוצא מעדן, יוצא תדיר ולא פסיק, אך אמנם זה הזווג דלא פסיק, הוא זווג חיות העולמות כנ"ל**. והנה המ"ן דאימא אשר הם לצורך הנשמות, שהם פנימיות העולמות, הנה הם זו"ן העולים בסוד מ"ן לצורך הזיווג הנ"ל, ואם הם אינם עולים, אין הזיווג נעשה למעלה, ולכן בזמן החורבן אשר זו"ן נופלים למטה, נפסק לפרקים הזווג העליון הנזכר וכמו שנבאר בע"ה.
נהר שלום ד"כ ע"ב – ידוע הוא כי כל מה שאנו מבררים מחלקי הכלים דמלכים ומאורות דרפ"ח, להעלותם לזו"ן, ולהעלות את הזו"ן למ"ד ומ"ן לאו"א, להזדווג הוא זיווג דנשמות דפנימיות העולמות, ולא זיווג דחיות העולמות. **כי זיווג דחיות נעשה ממילא, שלא על ידינו, ואין צורך לנו לקבל ד' מיתות בית דין ולהעלות עם הזו"ן למ"ד ומ"ן**, אלא שההוא רוחא דיהיב אבא לאימא מעלה מ"ד ומ"ן לאותו זיווג.
37

ע"ח ש"ז פ"ב מ"ב דל"א ע"ד – גם דע כי שיעור הזמן אשר לא מטי האור בספירה הוא רגע אחד לבד, וזה סוד **כי רגע באפו**, כי הסתלקות האור שהוא לא מטי **היה מחמת זעם ואף מחמת התחתונים**, שאין בהם כח. אך המשך בחינת מטי שהוא חזרת האור למטה, להחיות העולמות אין בהם שיעור, כי כפי מעשה תחתונים כך יהיה, וזהו **חיים ברצונו**, כפי הרצון שיהיה אז, ר"ל כפי מעשה בני אדם, כך ימשך זמן החיים ההם.
38

תהילים ל' ו' – כי רגע באפו חיים ברצונו בערב ילין בכי ולבקר רינה.
39

גמרא סנהדרין דק"ה ע"ב – א"ל זועם בכל יום. וכמה זעמו, רגע, שנאמר - **כי רגע באפו חיים ברצונו** וגו'. איבעית אימא, לך עמי בא בחדריך, וסגור דלתיך בעדך, חבי **כמעט רגע, עד יעבור זעם**.

הסתלקות האורות דגדלות **לבעלה** מחמת פגם התחתונים, והארה דחיות העולמות הנשפעת מהמאציל הנקראת אור חוזר, והם מוחין דקטנות, והארה ז.את הבאה **דרך** **הא.את** [40] הסתלקות **ועליה** של האורות לשרשם, מחמת פגם התחתונים, **והארת פנים** דפנים, שהיא בבחינת מוחין דגדלות, הבאה אל התחתונים בזמן שעושים רצונו של מקום, היא ז.את הבאה **דרך ירידה** של ב' אורות, האחד אור ישר, שהוא בחינת מוחין דגדלות, והשני הוא בחינת האור החוזר, שהארתו לא נפסקת לעולם, אפילו בזמן שמאיר האור הישר.

ואמנם [41] (נ"א כשרצון בעליונים) **כאשר יש רצון** של המאציל להשפיע בתחתונים מוחין דגדלות, וגם **ויש כזו בתחתונים ושלימות** מחמת מעשיהם הטובים **לקבל** את ה**אור העליון** של **המאציל, אז** [42] **האורות העליונים** לא מסתלקים, אלא אדרבא **חשקם וחפצם להאיר למטה** בתחתונים מוחין דגדלות, **ועל ידי כך הופכים** העליונים **פניהם למטה** לתחתונים **המקבלים**, כדי **לירד להאיר בהם** מוחין דפנים, שהם מוחין דגדלות, **דרך פנים בפנים** הם **מאירים** באור ישר. **ואמנם כשאין שלימות בתחתונים** מפני שישראל לא עושים רצונו של מקום, והתחתונים לא ראויים לשפע הגדול של המוחין דגדלות, **ולכן האורות** דגדלות **מסתלקים** [43] מהמקבלים, ועולים למאציל, **והם הופכים** (נ"א והופכים) את ה**פנים** שלהם מן

40

כרם שלמה ש"ו פ"ז אות ג' – ומה שכתב זאת דרך עליה וזאת דרך ירידה. אין כוונתו לומר שזאת דרך העליה, שהוא בזמן שהאורות עולים, ואינה נמשכת בזמן שהאורות יורדים, כי זאת ההארה של החיות אינה נפסקת אפילו רגע אחד. אלא ר"ל שזאת ההארה של חיות יורדת אפילו דרך עליה, והוא בזמן שהאורות עולים ומסתלקים. אבל בדרך הירידה, והוא בזמן שהאורות יורדים נמשכים זו וזו, כל הב' אורות, ופשוט.

41

כרם שלמה ש"ו פ"ז אות ד' – בא הרב להשמיענו שאין המניעה באה מצד בעליונים מלהאיר בתחתונים, כי אדרבה מי שיש בו כח מן התחתונים לקבל ההשפעה העליונה, זהו רצון בוראו. כי טבע המאציל להשפיע מרוב טובו להתחתונים, ויש שמחה לפניו ונחת רוח, כשיש מן התחתונים ראוי לקבל מן השפעתו יתברך. כי רצון הבורא הוא כבודו, כי טבעו הוא שתמיד רוצה להשפיע, ולזה יש לו שכר מי שראוי לקבל השפעתו ואורו, מפני שעושה רצון בוראו, כי רצונו וטבעו להשפיע. ויש עונש למי שאינו נעשה ראוי לקבל שפעו, ולזה כתב כאן אז האורות העליונים חשקם וחפצם להאיר למטה, חשקם וחפצם דיקא. וזה סוד הפסוק חיים ברצונו, כי רצונו יתברך להמשיך חיים לתחתונים, כי זהו רצונו, ולזה כשהם באופן זה מאירים בדרך פנים, ועל ידי כך הופכים פניהם למטה להמקבלים, לירד להאיר בהם דרך פנים, בפנים מאירות.

42

כרם שלמה ש"ו פ"ז אות ד' – ולזה כתב כאן אז האורות העליונים חשקם וחפצם להאיר למטה, חשקם וחפצם דיקא. וזה סוד הפסוק חיים ברצונו, כי רצונו יתברך להמשיך חיים לתחתונים, כי זהו רצונו, ולזה כשהם באופן זה מאירים בדרך פנים, ועל ידי פנים מאירים ברצון טוב, וזהו פירוש מה שכתב אחר כך, ועל ידי כך הופכים פניהם למטה להמקבלים, לירד להאיר בהם דרך פנים, בפנים מאירות.

43

צריך לדעת כי באמת לעולם אין סילוק מוחין, ר"ל כאשר אדם נמנע מלעשות מצות עשה, או עובר על מצות לא תעשה, לא מסתלקים ממנו מוחין. אלא הכוונה היא כי המוחין שהוא היה צריך לקבל על ידי המצוה שהיה עושה, או על ידי עמידה בניסיון והמנעות מעשיית עבירה, את המוחין האלה הוא לא מקבל, וזאת הכוונה האמיתית של סילוק מוחין.

התחתונים, ומחזירים פניהם **אל הַמַּאֲצִיל** ואחוריהם אל המקבלים, **כַּאֲשֶׁר** בזמן הזה שהוא לא עת רצון **כַּוָּנָתָן** של האורות **לַעֲלוֹת שָׁם** במאציל, **וּמַחֲזִירִין** האורות העליונים **אֶת אֲחוֹרֵיהֶן נֶגֶד** המקבלים המקבלים התחתונים, **וְאָז אוֹתוֹ הָאָרָה שֶׁמְּאִירָה בַּתַּחְתּוֹנִים בָּעֵת הַהִיא** שהאורות העליונים מסתלקים, **בָּאָה** מהמאציל **דֶּרֶךְ אֲחוֹרֵיהֶם** של האורות העליונים, ונקרא אור חוזר, **וּמֵאֲחוֹרֵיהֶם** של האורות העליונים **מְקַבְּלִים הַתַּחְתּוֹנִים הָאָרָה הַמּוּכְרַזַת לָהֶם** הנקראת מוחין דקטנות, או אור חוזר[44], **כְּדֵי חֲזוּתָם וְלֹא יוֹתֵר**[45].

וְהִנֵּה בסוגיא זאת הרב ז"ל משנה את הערכים של אור ישר ואור חוזר, וקורא לאור היׁשר פנים, ולאור החוזר אחור. **הָאוֹר הַנִּמְשָׁךְ דֶּרֶךְ** יְרִידָה[46] מהמאציל אל המקבלים **הוּא אוֹר יָשָׁר**, והוא אור דרוזמים

שער הכוונות, דרושי תפילין, דרוש ה' – ולבאר זה צריך שנבאר ענין אחד בתפילות, כי הנה נתבאר אצלנו כי בכל תפילה ותפילה נכנסים המוחין, ואחר התפילה חוזרים ומסתלקים, וראוי שתדע **כי הענין אינו כפשוטו** לומר שהמוחין עצמן שבאים הם הם מסתלקים, והם הם שחוזרים ובאים בכל תפילה, לכן דע לך שאין כן הדבר, **אבל הענין הוא כי בכל תפילה ותפילה באים מוחין חדשים לגמרי, בעבור כי אין לך כל תפילה ותפילה שלא יתחדש למעלה אור שפע חדש, לא ראי זה כראי זה כלל**, ונמצא כי בכל יום ויום, ובכל תפילה ותפילה, באים מוחין אחרים חדשים לגמרי.
תורת חכם דל"ח ע"א – ולפי דעת מו"ה ז"ל שלא יש סלוק מוחין לעולם.
תורת חכם דט"ל ע"ב – וכפי סברת מו"ה ז"ל שלא יש סילוק מוחין לעולם.
תורת חכם דנ"ח ע"ב – אם כן הכלים הם ו"ק בערך המוחין, ונקראים אלהי"ם בערכם, מפורש יוצא כי כל ג"ר דו"ק נקרא כלי ורוחא, ואפילו המוחין דג"ק של הגדלות של היום נקרא ו"ק בערך המוחין דחצות לילה הבא, הג"ר של אלו הו"ק הם המקבלים הכלי והרוחא של הלילה של הלילה הבא, **כי לא יש סילוק מוחין מז"א לעולם**, כמו שכתוב במקום אחר שזהו סברת מו"ה ז"ל, אלא שכל אותו הגדלות נקרא קטנות גמור בערך המוחין החדשים. וכל זה יוצא ממה שכתב הרב ז"ל בשער מ' שער חיצוניות ופנימיות פרק ד', כי כפי שיעור כניסת המוחין דגדלות, כך הוא שיעור דחיית המוחין דיניקה, עד כאן לשונו. הרי שזו"ן דעיבור הם מקבלים מוחין מזו"ן דיניקה, וזו"ן דיניקה מקבלים מוחין מזו"ן דגדלות. אם כן בכל זמן נקרא הז"א בעל ו"ק, בעל המוחין דעתיד לקבל.
44

לבחינת השפע הנשפע לתחתונים בזמן סילוק המוחין דגדלות יש מספר שמות וערכים.
ע"ח ש"ו פ"ח מ"ב דכ"ט ע"ב – על כן נקרא אור חיצוניות, ונקרא אור האחור, שהוא היפך פניו בכעס עמהם, בסוד דומה דודי לצבי ומאיר להם אור ההכרח עם היותו מסתלק, ואינו נותן להם האור אלא בהפיכת האחוריים אל התחתונים, ונקרא אור דין לסבה זו, **ונקרא אור חוזר**, כי בעת חזרתו והסתלקות למעלה שלא להשפיע בהם שפע גדול, אז נמשך להם אור ההכרחי הזה. ונקרא אור נקבה לב' סבות על דרך הנ"ל, אם לפי שהוא כדרך טבע הנקבה שמקבלת ואינה משפעת, ואם בסבה שאין בה כח להוליד נשמתין כמו הזכר, אלא בחינת המזון לבד, כמו שכתוב ותתן טרף לביתה וגו', שהם שמות אלהי"ם, שהוא דין.
45

כרם שלמה ש"ו פ"ז אות ד' – אמנם כשאין שלמות בתחתונים, פירוש שאינם ראויים לקבל ההשפעה העליונה, מפני שיש שש עוונות למטה, וממלה האורות מסתלקים, ועל ידי כך נמצא שהספירות פניהם למעלה. הואיל והם מסתלקים, וזהו פירוש אשר כוונתם לעלות, פירוש הואיל וכוונתן לעלות, אין דרך לעלות ואחוריים שלהם הם למעלה נגד המאציל ופניהם למטה, אלא מחזירין את אחוריהם נגד המקבלים, והאור של החיות הנמשך להם תמיד, אז בא דרך אחוריהם, ומאחוריהם מקבלים התחתונים, והואיל ודרך אחוריהם בא, **אין נמשך אז אלא החיות המוכרח להם דוקא**, וזה שכתב - הארה המוכרחת להם כדי חיותם ולא יותר.
46

גמורים, **וְנִקְרָא אוֹר פָּנִים. וְאוֹר** [47] שמקבלים התחתונים מהמאציל כאשר האורות העליונים מסתלקים,

הוּא נקרא אור זזוֹר, הבא מהמאציל **דֶרֶךְ** אחורי האורות העליונים בזמן ההסתלקות והַ**עֲלִיָה** שלהם למאציל,

ואור זה הוא כדי חיותם של התחתונים, **וְנִקְרָא אוֹר זזוֹר, ונקרא גם אוֹר אזוֹר,** והוא בבחינת **דִין.**

וְהִנֵּה ב' בְּזוֹזִינוֹת אֵלוּ של אור ישר ואור חוזר **נִמְצָאִים בְּכָל** אחת ואחת מ**הָעֶשֶׂר סְפִירוֹת**

דעקודים.

הרב ז"ל מבאר בסוגיא זאת את **כמות האור האחוריים** שמקבלת כל ספירה וספירה כאשר הכתר מסתלק למאציל, דהיינו האור הנשפע מהמאציל[48] לספירת ה**חכמה**[49] עובר דרך אחורי הכתר, לכן האור שמקבלת ספירת החכמה הוא קטן בכמות ואיכות. והאור שמקבלת ספירת ה**בינה**[50] הוא יותר קטן מהאור שמקבלת ספירת החכמה גם בכמות וגם באיכות, כי שפע המאציל עובר דרך אחורי הכתר ואחורי החכמה. וכן על דרך זה לכל ספירה וספירה השפע יקטן ביחס למספר האחוריים שהוא עובר. כאשר ה**חסד**[51] מקבל דרך ג' אחוריים. ה**גבורה**[52] דרך ד' אחורים. ה**תפארת**[53] דרך ה' אחוריים. ה**נצח**[54] דרך ו' אחורים. ה**הוד**[55] מקבל דרך ז' אחוריים. ה**יסוד**[56] מקבל דרך ח' אחוריים. ו**המלכות**[57] דרך ט' אחוריים.

כרם שלמה ש"ו פ"ו אות ה' – ר"ל האור הנמשך דרך ירידת הספירות, פירוש בזמן שהספירות יורדות נקרא אור ישר, כי זהו יושרו ורצונו לירד בדרך יושר של הספירות, והואיל ורצונו זה, אז הוא רחמים. וזה שכתב **ורחמים,** הואיל ויורד למטה בזמן שהספירות פניהם למטה, ונקרא אור פנים.
47

כרם שלמה ש"ו פ"ו אות ה' – והאור הנמשך דרך אחורי הספירות, אף על פי שהוא יורד מלמעלה למטה, אף על פי כן נקרא אור חוזר, והואיל ובא דרך אחוריים של הספירות נקרא אור אחור. והואיל ובא דרך אחוריים **שאינו כן רצונו,** ובא דרך המעטה, לזה הוא נקרא דין.
48

ע"ח ש"ו פ"ה מ"ב דכ"ז ע"א – אמנם יש הפרש אחד ביניהן, והוא כי החכמה אינם מקבלת אלא מאחוריים אחד, דהיינו מן הכתר לבד. והבינה מקבלת מב' אחוריים, דהיינו דכתר ודחכמה, והוא יותר דין. ועל דרך זה עד המלכות, נמצא שהמלכות קבלה מט' אחוריים.
49

החכמה מקבלת אור דרך אחורי הכתר, והוא אחור אחד.
תרשים ז – ד.
50

הבינה מקבלת אור דרך אחורי הכתר והחכמה, והם ב' אחוריים.
תרשים ז – ה.
51

החסד מקבל אור דרך אחורי הכתר, החכמה ובינה, והם ג' אחוריים.
תרשים ז – ו.
52

הגבורה מקבלת אור דרך אחורי הכתר, החכמה, בינה וחסד, והם ד' אחוריים.
תרשים ז – ז.
53

התפארת מקבלת אור דרך אחורי הכתר, החכמה, בינה, חסד וגבורה, והם ה' אחוריים.
תרשים ז – ח.
54

הנצח מקבל אור דרך אחורי הכתר, החכמה, בינה, חסד, גבורה ותפארת, והם ו' אחוריים.
תרשים ז – ט.
55

ההוד מקבל אור דרך אחורי הכתר, החכמה, בינה, חסד, גבורה, תפארת ונצח, והם ז' אחוריים.

כך שלספירת המלכות יהיה שפע שהאור הכי קטן גם באיכות וגם בכמות, מפני שהיא מקבלת את השפע דרך ט'
אחוריים. וסוד אלו האחוריים הוא סוד התרגום[58]. כאן מדובר על אור הכתר המסתלק לפה דא"ק, וכל אור הספירות
מסתלקות כל אחת למדרגה אחת למעלה. **אמנם**[59] **יש זזילוק בינ'הן בבזינת אור זזוֹר,
והוא זה כי הנה** בנסיעה הראשונה **כאשר אור** הזך של **הכתר מסתלק** מהכלי שלו,
ומסתלק **ועולה** למאציל, ובזמן שהוא מסתלק הוא **הופך פניו לבעלה כנגד המאציל** שהוא פה
דא"ק, **ואזוריו למטה כנגד הזזכמה, הנה אז** בזמן הסתלקות אור הזך דכתר **הזזכמה
מקבלת אור זזוֹר ההוא הנמשך מן המאציל על ידי אזור אזוד לבד,
שהיא אזור הכתר. אמנם**[60] בזמן שאור הכתר מסתלק למאציל **בנסיעה הראשונה.** אור החכמה היה
מסתלק גם הוא למקום הכתר מעיקרא, **ובעלות** האור הזך של **הזזכמה** מכלי דחכמה **גם היא** למקום
הכתר מעיקרא, האור הזך דחכמה הופך פניו **אל המאציל** שהוא הכתר דעקודים, **וגם היא** ר"ל אור
החכמה **תתהפך אז אזוריה למטה אל הבינה, אז** מקבלת הבינה **אור הזזוֹר
הנמשך מהמאציל דרך ב' אזוריים, שהם אזור הכתר, ואזור הזזכמה.**

תרשים ז – י.
56

היסוד מקבל אור דרך אחורי הכתר, החכמה, בינה, חסד, גבורה, תפארת, נצח והוד, והם ח' אחוריים.
תרשים ז – י"א.
57

המלכות מקבלת אור דרך אחורי הכתר, החכמה, בינה, חסד, גבורה, תפארת, נצח ויסוד, והם ט'
אחוריים.
תרשים ז – י"ב.
58

מקום בינה ד"ד ע"א אות מ"ד – אחוריים, קול מהרנ"ך וזהו סוד תרגום, שהוא גימטריא שם ע"ב ברבוע.
59

כרם שלמה ש"ו פ"ז אות ו' – פירוש, כי אמת הוא שאמרנו לעיל, כי בכל העשר ספירות יש בהם אור ישר,
שהוא רחמים, ואור חוזר, שהוא דין. אבל יש חילוק באהאור החוזר שהוא דין, שבין אלו העשר ספירות, כי כל
ספירה שהיא עליונה, הדין שלה רפה ומועט, מפני שהאור שלו אינו מתלבש כי אם במסך אחד. והאור כל מה
שהיה גלוי ובמעוט מסכים הוא רחמים, וכל מה שהוא בריבוי מסכים, הוא יותר דין כנודע. ולזה האור החוזר
של החכמה, הואיל ובא דרך אחוריים אחד לבד, הוא יותר ממותק מן האור החוזר של הבינה, הבא לה דרך
שני אחוריים, של הכתר ושל החכמה. וזה מה שכתב - אמנם בעלות החכמה וכו', אז מקבלת הבינה אור החוזר
הנמשך מהמאציל דרך ב' אחוריים, וכו', וכן על דרך זה בכל הספירות, עד שנמצא כי המלכות תקבל אור
הנמשך לה מן המאציל דרך ט' אחוריים.
60

באתי לגני ח"ב ש"ו פ"ז – אמנם בעלות החכמה וכו'. נראה פשוט שאין שייך לומר שנמשך אור שנמשך אור או
אור ישר רק בעולם העקודים עצמו. ולא במה שהוא בתוך הפה דא"ק, שהוא בחינת המאציל של העקודים,
כמו שכתב רז"ל בפרק הקודם. והיינו שאין שייך לומר שהבינה מקבלת אור חוזר מב' אחורי החכמה והכתר
לאחר שנתעלם הכתר במאציל, וכן השאר. ומה שכתב רז"ל כאן, בעלות החכמה למאציל אז הבינה מקבלת
דרך ב' אחוריים של הכתר והחכמה. צריך לדעת לדעת כוונתו **בעליה הראשונה עצמה.** אבל רז"ל מפרש אחד
לאחת, בתחילה מבאר שהחכמה מקבלת על ידי אחור אחד לבד, וכל מה שכתב רז"ל עד דרך ט' אחוריים, **הוא
מדבר על העליה הראשונה.** אבל בעליה השניה אז כל אחד נחסר ממנו אחוריים אחד, ובשלישית יחסר ב',
וכן אלה.

וְכֵן עַל דֶרֶךְ זֶה בְּכָל שאר **הַסְּפִירוֹת,** כאשר ספירת החסד מקבלת מג' אחוריים, שהם אחור דכתר, חכמה ובינה. ספירת הגבורה מקבלת מד' אחוריים, שהם אחור דכתר, חכמה, בינה וחסד. ספירת התפארת מקבלת מה' אחוריים, שהם אחור דכתר, חכמה, בינה, חסד וגבורה. ספירת הנצח מקבלת מו' אחוריים, שהם אחור דכתר, חכמה, בינה, חסד, גבורה ותפארת. ספירת ההוד מקבלת מז' אחוריים, שהם אחור דכתר, חכמה, בינה, חסד, גבורה, תפארת ונצח. ספירת היסוד מקבלת מח' אחוריים, שהם אחור דכתר, חכמה, בינה, חסד, גבורה, תפארת, נצח והוד. **עַד שֶׁנִּמְצָא כִּי הַמַּלְכוּת תְּקַבֵּל אוֹר הַנִּמְשָׁךְ לָהּ מִן הַמַּאֲצִיל דֶּרֶךְ תִּשְׁעָה אֲחוֹרַיִים** שהם אחור דכתר, חכמה, בינה, חסד, גבורה, תפארת, נצח, הוד, יסוד, ולכן[61] האור שמקבלת המלכות דרך האחור הוא יותר דין מכל שאר הספירות שמעליה, והמלכות היא תכלית הדין •

וּכְבָר נִתְבָּאֵר לְעֵיל כִּי אוֹר הָאֲחוֹרַיִים הֵם בחינת **דִּינִין, אִם**[62] **כֵּן** כל מה **שֶׁנִּתְרַבּוּ הָאֲחוֹרַיִים** אשר דרכם עובר אור המאציל אל התחתונים, כך **יִהְיֶה הָאוֹר הַנִּמְשָׁךְ** לתחתונים **דִּין קָשָׁה** יותר, ודין יותר חזק, והרי זה חזילוק אַחֵר שיש **בְּעִנְיַן רִבּוּי אֲחוֹרַיִים אוֹ מִעוּטָן** כך יהיה כמות האור שהתחתונים מקבלים •

הרב ז"ל מבאר בסוגיא[63] זאת את בחינת **אֵיכוּת אוֹר הָאֲחוֹרַיִים** שמקבלת כל ספירה. **וְהִנֵּה**[64] נתבאר בחינת **כְּמוּת אוֹר הָאֲחוֹרַיִים** שמקבלת כל ספירה, וכמות האור הזה תלויה במספר האחוריים שיש בין הספירה המקבלת לבין מספר הספירות שלמעלה ממנה. **עוֹד יֵשׁ חִזּילוּק**[65] **אַחֵר,** והוא **בְּעִנְיַן אֵיכוּת** אור **אֲחוֹרַיִים בְּעַצְמָן**

61

ולכן הוא יותר דין, מכל שאר הספירות שעליה. כך לשון שער ההקדמות.

62

כרם שלמה ש"ו פ"ז אות ו' – ואם תאמר ומה בכך אם נמשך אחור אחד או דרך ב' אחוריים, או ט' אחוריים. לזה אומר האחוריים הם דינים, ולזה כל מה שנתרבו האחוריים יהיה האור נמשך דין קשה, ויותר חזק. ר"ל כמו שכתבנו שהטעם שהטעם שנתרבה המסכים, הוא יותר דין, ומיעוטם הוא רחמים. וזהו שכתב אחר כך - והרי זה חילוק אחד בענין ריבוי אחוריים, או מיעוטן עד כאן לשונו, מה שאין כן הבא דרך יושר ודרך הפנים, כמעט שכולם שוים בו. ולזה אין חילוק בהעשר ספירות, רק באור החוזר שלהם, אבל באור הישר שהוא רחמים, אין נמצא זה החילוק בהם.

63

תרשים ז – י"ג.

64

ע"ח ש"ו פ"ה מ"ת דכ"ז ע"א – ועוד יש הפרש אחד, כי מלבד חילוק תוספת ריבוי או מיעוט בחינת אחוריים, יש בהם עוד שינוי, והוא כי הנה התפארת מקבל מן אחוריים דגבורה, שהם אחוריים קשים עד מאד. אמנם הספירה שלמעלה ממנו, אינו באופן זה, וכפי הבחינות כן היה שינוי באותו אור הנמשך להם, או דין גמור, או ממוצע, או חלוש. ואין כח בקולמס להרחיב בפרטות חלקים אלו, כי הם רבים, והמשכיל יבין.

65

כרם שלמה ש"ו פ"ז אות ז' – ר"ל מלבד החילוק שיש בענין הדינים האלו, בענין המנין של הספירות עצמן, כי כל מה שהיא ספירה תחתונה היא מקבלת מכל האחוריים של כל העליונים ממנה. עוד יש חילוק אחר בענין **איכות האחוריים** בעצמן. כי יש אחוריים אחד שהוא קשה, כגון אחוריים דגבורה, מלבד שהיא מרובה במנין הספירות, דהיינו שמקבלת מן ה' אחוריים, אלא הואיל וקשה מצד עצמה, היא דינים קשים, והואיל ונתחברו בריבוי המנין של ה' ספירות, והיא עצמה גם כן דין מצד עצמה, לזה היא דין קשה עד מאד, ולזה התפארת

שמקבלת כל ספירה וספירה, **שאין כולן שוין, שאין אזוריים של זחסד דומין לאזוריים של גבורה, כי האזוריים של גבורה הם דינין קשים עד מאד** כי הגבורה מצד עצמה היא דין, **וכן על דרך זה בכל ספירה** וספירה, כי כל אחת ואחת מקבלת מהאחוריים של הספירה שלעלה ממנה, ולכל ספירה איכות אור דאחור שונה, יש שמקבלת בחינת דין קשה, יש שמקבלת בחינת דין ממוצע, ויש שמקבלת בחינת דין רפה, מפני ש**בזוינת הדינין אשר באזוריהם** של כל ספירה וספירה **אינם שוין זה לזה.** לדוגמה **כי**[66] **ספירת התפארת אשר** בעצמותה היא בחינת רחמים **מקבלת האור דרך אזוריים של הגבורה** שהם אחוריים קשים ביותר, **יהיה אור ההוא** שמקבלת התפארת דרך האחוריים דגבורה, **דין קשה עד מאד, יותר מאשר** מקבלת הגבורה מאחוריים דחסד, שהוא **למעלה ממנו** ר"ל למעלה מהגבורה.

ונמצא[67] **כפי החילוקים שיתהוו באור הזווזר ההוא הנמשך לו** אם באיכות, אם בכמות, **אם נמשך** האור החוזר **דרך אזוריים רבים** כמו שהמלכות מקבלת דרך תשעה אחוריים, **או** דרך אחוריים **מועטים** כמו שהחכמה מקבלת דרך אחור אחד. **או אם יהיה** האור החוזר בא **דרך אזוריים ממותקים** כמו החכמה שמקבלת מהכתר שהוא תכלית החסד והרחמים, **או** דרך אחוריים **קשים** כמו התפארת המקבלת מאחורי הגבורה, או דין ממוצע, כמו הנצח המקבל מהתפארת שהוא כלול מחסד ודין, **אז בערך ההוא יהיה אור הזווזר ההוא, או דין קשה, או דין רך, או דין ממוצע, וכיוצא בזה פרטים אזורים רבים מובנים מעצמן** ואין כח בקולמס להרחיב בפרטות חלקים אלו, כי הם רבים, והמבין יבין שהם בסוד[68] חכמת הצירוף.

עצמה שהיא אחריה, כשהיא מקבלת מן האחוריים שלה, היא מקבלת בחינת דין קשה, הואיל ויש זה זה וזה, דהיינו מנין ה' אחוריים, ובחינת טבעה שהוא דין קשה.
66

כרם שלמה ש"ו פ"ז אות ז' – ולזה כתב אחר כך כי ספירת התפארת אשר מקבל האור דרך אחוריים, יהיה אור ההוא דין קשה עד מאוד, יותר מאשר למעלה ממנו. ר"ל האור קשה, אבל התפארת עצמה אינה בחינת דין.
67

כרם שלמה ש"ו פ"ז אות ח' – ונמצא כפי החילוקים שיתהוו וכו'. זה נמשך למה שאמור למעלה מזה בסמוך, כי הדין של האחוריים של הספירות **יהיה נראה בהאור שמקבלת הספירה התחתונה, ולא בהספירה התחתונה עצמה.** והטעם הוא שהאור הבא להספירה התחתונה הוא מתלבש באחוריים של הספירות שלמעלה ממנו, ולזה כפי ערך האחוריים שלמעלה ממנו, כך נראה האור שבא להספירה התחתונה. וזה שכתב - אם נמשך דרך אחוריים ממותקים או קשים, בערך ההוא יהיה אור החוזר ההוא וכו', **יהיה אור דייקא** שנתלבש בהאחוריים הממותקים או קשים.
68

ע"ח ש"ג פ"ב מ"ב דט"ז ע"ד – אמנם דע כי כל בחינת ה' פרצופים שבכל עולם ועולם הנ"ל, הנה כל אחד כלול מרמ"ח אברים ושס"ה גידין. וצריך המעיין לחקור על ניתוח אברים שבכל פרצוף ופרצוף, איך יפגשו אבר פרצוף זה, באבר פרצוף המלבשת אותו, כי אין עומדים כל הפרצופים בשוה ובקומה אחת. נמצא כי ראש המלכות דעשיה נפגשה בתחתית העקב דא"ק, וכן על דרך זה בכל שאר הבחינות, לא יכילם העין, כי אם נגולו

הרב ז"ל מבאר כי בגלל דקות עולם העקודים, שהוא חלק מעולמות אח"פ, אי אפשר לפרט ולבאר במקום גבוה את הפרטים ופרטי הפרטים את בחינות פנים ואחור, אור ישר ואור חוזר וכו', והמשכיל[69] יבין ראשית דבר ואחריתו

והנה[70] כל העניינים האלו המבוארים לעיל **היו באלו העשר ספירות שבעולם העקודים,** שהם שרשים ורמזים לכל פרטי ההנהגה של הבורא יתברך בעולמות אבי"ע (**נ"א הטעמים האלו היה בערך ההוא באלו בעולם העקודים).** **והנה[71]** כדי שנבין היטב בבחינת **אור ישר ואור חוזר,** אור **דפנים** ואור **דאחור, אבאר לך למציאות זה בזו"ן** דאצילות**,** כי אין לנו רשות ללמוד בפרטות את הבחינות האלו בעולמות דא"ק, ולביאור פרטים אלו נתנה הרשות לדבר רק בפרצופים דעולם האצילות, מפרצוף א"א[72] ולמטה, וכן בפרצופי או"א, ובעיקר בפרצופי זו"ן דאצילות, **ומשם** ר"ל מפרצופי דאצילות **תקיש אל השאר** שהם העולמות והפרצופים דא"ק, להבין ולדעת את הפרטים ופרטי הפרטים שבעולמות א"ק, כי כבוד[73] אלהי"ם הסתר דבר.

כספר השמים, וכפי דבוק זה האבר שבזה הפרצוף, באבר הפרצוף שכנגדו. לפעמים יפגשו עין בחוטם, ואזן בעקב, וכיוצא בזה לאין קץ. וזהו ענין חכמת הצירוף כ"ב אותיות א"ב, אל"ף עם כולם, וכולם עם אל"ף, וכיוצא בשאר האותיות, והם הם גורמים השינוי, שאין לך יום שדומה לחבירו, ואין צדיק דומה לחבירו, ואין בריה דומה לחבירתה, וכל הנבראים כולם לצורך גבוה, **כי אין יניקת כולם שוה אף לא תיקון כולם שוה,** ותתקן החלבנה בקטורת, מה שלא תתקן הלבונה, לכן היה צריך באלו העולמות טוב, ורע, ובינוני, ובכל אחד מינים לאין קץ.
69

ע"ח ש"א ענף ב' מ"ק די"ב ע"ד – והנה על ידי הצמצום הזה הנ"ל, אשר נעשה האדם הנ"ל היה בו בחינת עצמות וכלים, כי צמצום האור גורם מציאות הוויות הכלים, כמו שנבאר לקמן בע"ה, **ואין לנו רשות לדבר יותר במקום גבוה כזה, והמשכיל יבין ראשית דבר מאחריתו,** כמו שנבאר בע"ה בדרושים אחרים הבאים לפנינו.
70

כרם שלמה ש"ו פ"ז אות ט' – והנה כל העניינים האלו היו באלו העשר ספירות בעולם העקודים. ר"ל אל תטעה לומר כי כל אלו החילוקים הואיל והם רבים, ויש דין, ורחמים, ועוד פרטים רבים, אור ישר, ואור חוזר וכו', אלו אין נמצאים כי אם בז"א דאצילות ולמטה, אבל למעלה מזה אין נמצא זה, כי אפילו בא"א ועתיק דאצילות אמרינן לית ביה שמאלה, כולא ימינא, וכתיב - **אין אלהי"ם עמדי,** כל שכן כל שכן בעולם העקודים, שהוא למעלה מא"א דאצילות. לזה אמר אין הכי נמי, אבל אם לא יהיה דברים אלו בשורש, איך נמצאים בענפים, והעולם העקודים האלו הם שרשים לעולם האצילות. לזה כל אלו אם נמצאים בעולם העקודים, אין תימא כדי שיהיו שרשים למה שלמטה מהם. אבל ודאי כל אחד לפי ערכו, כי מה שנקראים כאן דין קשה, ודין ממוצע, הוא כפי ערך עולם העקודים. אבל ודאי שהדין של כאן הוא בערך רחמים הגמורים של עתיק.
71

כרם שלמה ש"ו פ"ז אות י' – ר"ל העולם העקודים והם עולמות דקים, לא אפשר שנאמר זה דין, וזה רחמים, ואחור ופנים. אף על פי שנמצאים, ולזה נבאר אלו העניינים בזו"ן דאצילות, הואיל והם הענפים של העליונים לזה, משם נקיש אל השאר, ר"ל בענין או"א ובענין א"א, ועולם העקודים.
72

רחובות הנהר ד"ט ע"ב - ואף על פי ששם לא נזכר כי אם עד בחינת א"א, **כבר נודע כי בחינת א"א המוזכר בדברי הרב ז"ל הוא בחינת א"ק, שהוא א"א הכולל,** ודוק.
73

משלי כ"ה ב' - כבד אלהי"ם הסתר דבר וכבד מלכים חקר דבר.

31

הרב ז"ל מבאר[74] חלק מבחינות אלו בפרק ח' דשער זה.

הרב ז"ל מבאר את הבחינות האלו בפרק הבא.

ע"ח ש"ו פ"ח מ"ח דכ"ח ע"א – ענין אחור ופנים, וחיצוניות ופנימיות, כפי (מה שמוכרח) הנראה מוכרח שהכל דבר אחד. והענין שבהתפשט האור להאיר למטה, הוא שיש לו חשק להשפיע תוספת (ל"ג לתועלת) נשמות חדשות בתחתונים מה שלא היה עד עתה, ואם כן יהיה האור רחמים גמורים, כי לולי שהתחתונים ראויים אל הרחמים, לא היה יורד ומתפשט למטה להאיר תוספת נשמות שלא היו עד עתה, ולכן נקרא אור זה אור ישר, שבא ביושר מעילא לתתא, כי כן דרכו ויושרו להאיר בתחתונים, ומטבע החסד והרחמים הוא להיות מטיבים בעולם, ונקרא אור של רחמים גם כן לסיבה הנ"ל, ונקרא אור זכר, כי כן דרך הזכר להשפיע לזולתו, שהיא הנקבה. ועוד.......................

32

עֵץ חַיִּים

לְרַבֵּינוּ חַיִּים וִיטָאל

שֶׁקִּיבֵּל מִמָרָן הָאֲרִ"י זלה"ה

שַׁעַר ו'

שַׁעַר הָעֲקוּדִים

פֶּרֶק ז'

חֵלֶק הַתַּרְשִׁימִים טַבְלָאוֹת וְצִיּוּרִים

שִׁמְחַת חַיִּים

הקדמה קצרה

דע כי כל התרשימים הציורים והטבלאות, הם אך ורק לשכך את האוזן, ולשבר את העין. וכל הציורים הם לא שלמים.

כתב הרי"ח הטוב ברב פעלים ח"ב בסוד ישרים ה' - אך דע לך כי סדר התלבשות המחצבים שכתב מהרח"ו בשערי קדושה עד עולם הזה שאנחנו עומדים בו. וכן סדר התלבשות הפרצופים אשר בכל מחצב ומחצב, וסדר התלבשות העולמות זה בזה, והיושר והעיגולים, לא אית אינש דכיל למנלע רזא דנא, איך היא עשוי, איך הוא עומד, ולא אפשר לשכל אנושי לצייר כל הנזכר על אמתתם, ועל בורין מפני כי שכל האנושי בהיותו עצור ומונח בגוף גשמיי, אי אפשר לי להשיג דבר רוחני, והוא זה דומה לאדם סומא מן הבטן שלא ראה מאורות מימיו, דודאי אי אפשר לו לצייר מראות השמש והירח הנראין לעיני הבריות, וכל שכן מה שיש למעלה למעלה.

וכן כתב ברב פעלים ח"א בסוד ישרים א' - סוף דבר הכל נשמע, ה' אחד ושמו אחד, ואין לו גוף ולא דמות הגוף, ואין לו שום ציור, ותמונה ודמיון כלל ועיקר, וגם כל העולמות וספירות הקדושים למעלה אין להם ציור ודמיון של גופים האלה כלל, ואין מי שיוכל לידע איך הוא עמידתם וסדרם, ואיך עומדים עולמות היושר ועולמות העיגולים, ואיך מתחברים זה עם זה, ואיך נמשך השפע מזה לזה, ואיך הוא תוארם ומראיהם, ואיך הוא מהות השפע המחיה אותם, ומקיים אותם, וכמה הוא שיעור אורכם וגובהן ורחבם, ואיך הם נכללים זה בזה, ומלבישים זה לזה, כי בכל זאת אין שום שכל אנושי יוכל לדעת, ולהבין, ולהשיג, כלל ועיקר.

הרב ז"ל כתב בשער אח"פ תחילת פ"א וז"ל - כבר ידעת כי אין בנו כח לעסוק קודם אצילות עשר ספירות, ולא לדמות שום דמיון וצורה כלל ח"ו, אך לשכך האזן, אנו צריכים לדבר דרך משל ודמיון, לכן אף אם נדבר במציאות ציור שם למעלה, אין הדבר רק לשכך האזן. אמנם דע כי עשר ספירות דאצילות הם שתי עניינים. האחד הוא התפשטות הרוחניות, והשני הוא כלים ואברים אשר העצמות מתפשט בהם. והנה צריך שיהיה לכל זה שורש למעלה לשתי בחינות אלו, ולכן צריכין אנו לדבר בסדר המדרגות מראש עד סוף, והנה נתחיל ונאמר כי הלא הא"ס ב"ה אין בו שום ציור כלל ח"ו כמבואר.

הרב ז"ל כתב בשער טנת"א פ"א - והנה אף על פי שאנו מכנים וקוראים כאן כנויים אלו כגון אדם ראש אזנים וכיוצא אינו רק לשכך האזן לשיובנו הדברים לכן אנו מכנים כנויים אלו במקום גבוה, עד כאן לשונו.

וכן הרמ"ק בפרדס רימונים ש"ו פ"א - וציירו להם המקובלים צורות ביריעות גדולות וקראום אילן. הרב ז"ל כתב בסוף ש"ה פ"ד וז"ל - ואמנם דבר גלוי הוא כי אין למעלה גוף ולא כח גוף חלילה. וכל הדמיונות והציורים אלו לא מפני שהם כך חס ושלום. אמנם לשכך את האוזן לכשיוכל האדם להבין הדברים העליונים הרוחניים בלתי נתפסים ונרשמים בשכל האנושי, לכן ניתן רשות לדבר בבחינת ציורים ודמיונים, כאשר הוא פשוט בכל ספרי הזוהר. וגם בפסוקי התורה עצמה כולם כאחד עונים ואומרים בדבר הזה כמו שאמר הכתוב עיני ה' המה משוטטים בכל הארץ. עיני ה' אל צדיקים. וישמע ה'. וירח ה'. וידבר ה'. וכאלה רבות וגדולה מכולם מה שאמר הכתוב ויברא אלהים את האדם בצלמו בצלם אלהים ברא אותו זכר ונקבה וגו'. ואם התורה עצמה דברה כך גם אנחנו נוכל לדבר כלשון הזה, עם היות שפשוט הוא שאין שם למעלה אלא אורות דקים, בתכלית הרוחניות, בלתי נתפשים שם כלל, וכמו שאמר הכתוב כי לא ראיתם כל תמונה, וכאלה רבות. ואמנם יש עוד דרך אחרת כדי להמשיך ולצייר בה הדברים העליונים, והם בחינת כתיבת צורת אותיות, כי כל אות ואות מורה על אור פרטי עליון, וגם תמונת זו דבר פשוט הוא כי אין למעלה לא אות, ולא נקודה, וגם זה דרך משל וציור לשכך את האוזן כנזכר. ולכן נבאר עתה הקדמה הנזכר על דרך ציור האותיות גם כן ובבחינת ציורים אלו, הן ציור האדם, והן ציור אותיות, שתיהן מוכרחים להבין ענין האורות העליונים, כאשר תראה ספרי הזוהר בנויים על שתי בחינות הציורים האלה, עד כאן לא.

ולכן גם אנחנו הרשינו לעצמינו לצייר ציורים, תרשימים וטבלאות, אך ורק כדי לשכך את האוזן, ולשבר את העין, כדי להבין את הסוגייה.

אח"י

תרשׁימים שׁער ו' פרק ז'

סדר שמות שמות ההיכלות והשערים בעץ חיים

שם היכל	שער	שם השער	א	ב	ג	ד	ה	ו	ז	ח	ט	י	יא	יב	יג	יד	טו
אדם קדמון	א	עיגולים ויושר	א	ב	ג	ד	ה										
	ב	השתלשלות י"ס דרך עגו'	א	ב	ג												
	ג	סדר אצילות למהרח"ו	א	ב	ג												
	ד	אח"פ	א	ב	ג	ד	ה										
	ה	טנת"א	א	ב	ג	ד	ה	ו	ז								
	ו	עקודים	א	ב	ג	ד	ה	ו	ז	ח							
	ז	מטי ולא מטי	א	ב	ג	ד	ה										
נקודים	ח	דרושי נקודות	א	ב	ג	ד	ה	ו									
	ט	שבירת הכלים	א	ב	ג	ד	ה	ו	ז	ח							
	י	תיקון	א	ב	ג	ד	ה										
	יא	מלכים	א	ב	ג	ד	ה	ו	ז	ח	ט	י					
הכתרים	יב	עתיק	א	ב	ג	ד	ה										
	יג	א"א	א	ב	ג	ד	ה	ו	ז	ח	ט	י	יא	יב	יג	יד	
או"א	יד	או"א	א	ב	ג	ד	ה	ו	ז	ח	ט	י					
	טו	זווגים	א	ב	ג	ד	ה	ו									
	טז	הולדת או"א וזו"ן	א	ב	ג	ד	ה	ו	ז								
ז"א	יז	ז"א	א	ב	ג	ד											
	יח	רפ"ח נצוצין	א	ב	ג	ד	ה	ו									
	יט	אנ"ך	א	ב	ג	ד	ה	ו	ז	ח	ט	י					
	כ	המוחין	א	ב	ג	ד	ה	ו	ז	ח	ט	י	יא	יב			
	כא	לידת המוחין	א	ב	ג												
	כב	מוחין דקטנות	א	ב	ג												
	כג	מוחין דצלם	א	ב	ג	ד	ה	ו	ז	ח							
	כד	פרקי הצלם	א	ב	ג	ד	ה	ו	ז								
	כה	דרושי הצלם	א	ב	ג	ד	ה	ו	ז	ח							
	כו	צלם	א	ב	ג	ד											
	כז	פרטי עי"מ	א	ב	ג	ד											
	כח	עיבורים	א	ב	ג	ד	ה										
	כט	נסירה	א	ב	ג	ד	ה	ו	ז	ח	ט						
	ל	פרצופים	א	ב	ג	ד	ה	ו	ז								
	לא	פרצופי זו"ן	א	ב	ג	ד	ה										
	לב	הארת המוחין	א	ב	ג	ד	ה	ו	ז	ח	ט						
	לג	אונאה	א	ב	ג	ד	ה										
נוק' דז"א	לד	תיקון הנוקבא	א	ב	ג	ד	ה	ו	ז								
	לה	הירה	א	ב	ג	ד	ה										
	לו	מעוט הירה	א	ב	ג	ד											
	לז	יעקב ולאה	א	ב	ג	ד	ה										
	לח	לאה ורחל	א	ב	ג	ד	ה	ו	ז	ח	ט						
	לט	מ"ן ומ"ד	א	ב	ג	ד	ה	ו	ז	ח	ט	י	יא	יב	יג	יד	טו
	מ	פנימיות וחצוניות	א	ב	ג	ד	ה	ו	ז	ח	ט	י	יא	יב	יג	יד	טו
	מא	חשמל	א	ב	ג												
אבי"ע	מב-א	דרושי אבי"ע	א	ב	ג	ד	ה	ו	ז	ח	ט	י	יא	יב			
	מב-ב	כללות אבי"ע	א	ב	ג	ד											
	מג	ציור עולמות אבי"ע	א	ב	ג	ד											
	מד	שמות	א	ב	ג	ד	ה	ו	ז								
	מה	מקיפין	א	ב	ג	ד											
	מו	כסא הכבוד	א	ב	ג	ד	ה	ו									
	מז	סדר אבי"ע	א	ב	ג	ד	ה	ו									
	מח	קליפות	א	ב	ג	ד											
	מט	קליפת נוגה	א	ב	ג	ד	ה	ו	ז	ח	ט						
	נ	קיצור אבי"ע	א	ב	ג	ד	ה	ו	ז	ח	ט	י					

<u>טבלת ערכים</u>

עולמות	אדם קדמון	אצילות	בריאה	יצירה	עשיה
פרצופים	ע"י וא"א	אבא	אמא	ז"א	נוקבא
ספירות	כתר	חכמה	בינה	חג"ת בה"י	מלכות
הוי"ה	קוץ של י'	י	ה	ו	ה
אורות	יחידה	חיה	נשמה	רוח	נפש
מלוי	שורש הוי"ה	ע"ב - יוד הי ויו הי	ס"ג - יוד הי ואו הי	מ"ה - יוד הא ואו הא	ב"ן - יוד הה וו הה
טנת"א	שורשים	טעמים	נקודות	תגין	אותיות
נקודות	קמץ	פתח	צרי	סגול, שוה, חולם חיריק, קבוץ, שורוק	אין ניקוד
אדם	גולגולתא	מוח ימין	מוח שמאל	גוף וברית	עטרת היסוד
מל"ץ	מ - מקיף, יחידה	ל - מקיף, חיה	מוח	לב	כבד
שנגל"ה	שורש	נשמה	גוף	לבוש	היכל
י"ב פרצופים	ע"ב ן אאו"ן	או"א עלאין	ישסו"ת	זו"ן	יעו"ר
כל צמא	אורות	מוחין	צלמים	לבושים	כלים
אברים	מוח	עצמות	גידין	בשר	עור
חושים	מוח	ראיה	שמיעה	ריח	דיבור
מחצבים	א"ס	ספירות	נשמות	מלאכים	חושך
צלם	מ' מקיף ב'	ל' מקיף א'	צ' מוח	צ' לב	צ' כבד
דחצ"מ	אלוקות	מדבר	חי	צומח	דומם
יסודות	יולי	מים	אש	רוח	עפר
רקיעים	ערבות	ערבות	ערבות	מכון, מעון, זבול שחקים, רקיע	וילון
גלגלים	גלגל השכל	גלגל היומי	מזלות	כוכבים	לבנה
היכלות	קודש קודשים	קודש קודשים	קודש קודשים	אהבה, זכות, רצון, נוגה, עצם השמים, לבנת הספיר	לבנת הספיר
מלוי הוי"ה		מו - וד י יו י	לז - וד י או י	יט - וד א או א	כו - וד ה ו ה
אהי"ה		קס"א - אלף הי יוד הי	קס"א - אלף הי יוד הי	קמ"ג - אלף הא יוד הא	קנ"א - אלף הה יוד הה

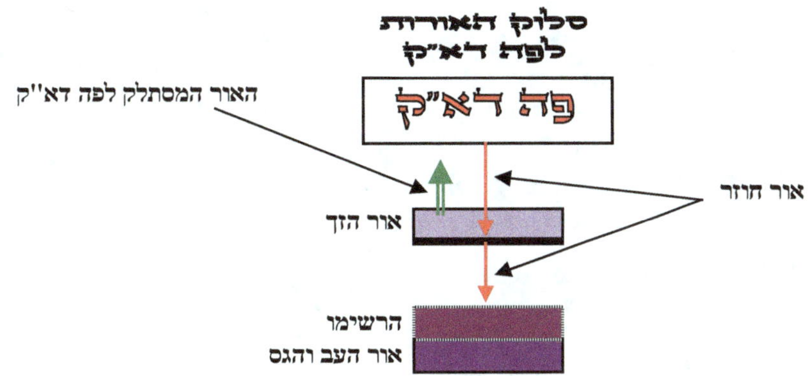

סידור תפלה להרש"ש
עא

ולהמשיך עוד ט"ס עם הנקודה שבה נשלם כתר שלה ליים מאחורי ב"ש דת"ת דז"א. (א) להמשיך חלק הד' דחסר דת"ת לכתר שלה (ב) ולהמשיך סיום הנה"י חדשים דיסוד"ת לתוך כתר שלה ולהמשיך האָרם המומין דאימא שבכתר דז"א.

אהיה
יהוה

אט

אודהויודהו אודהויודהו
יודהווהדו יודהווהדו

אהיה
יהוה

אהיה
יהוה

רביע הרביעי. יהוה
כתר דרחל
יוד הא ואו הה
יוד יוד הא ואו יוד הא ואו הה
יה יהו יהוה
ומשם לכתר דרחל
יהוה יהוה
דעת דרחל
יוד הה וו הה
יוד יוד הה יוד הה וו יוד הה וו הה
יוד יוד הא יוד הא ואו יוד הא ואו הא
ומשם לדעת
יהוה יהוה
ת"ת דרחל
אלף למד הי יוד מם
צבאות
השתפא
ומשם ליסוד דז"א שבת"ת שלה
יהוה יהוה
יסוד דרחל
שין דלת יוד
ש ד י
ש שד שדי

ולהמשיך מאחור ופנים דיסוד דאבא שביסוד דז"א שהוא ריבוע ופשוט דשם ע"ב ליסוד דרחל שמכח האָרה זו הוא מקבץ את הב' נצו' להעלותם עד הכתר דנוק'.

יוד יוד הי יוד הי וין יוד הי וין הי
יוד הי וין הי גי' אהרן.

סוד הדלקת המנורה.

להעלות הב' נצו' מיסודה ולהעלותם מחוברים יחד דרך קו אמלטי לת"ת שלה.

(א) ח"ה המשכה זו של חלק הד' הוא אחר עליית הב' נצו' של נו"ה מן היסוד עד הת"ת שלה עד הדעת עד הכתר שלה כמבוא' בשל"ד פ"ו וח"כ כוונת דף זה הוא מלמטה למעלה

וזה פשוט : (ב) נה"י חדשים עיין בש' כ"ג פ"ד וס' כ"ה פ"ה :

נו

ברכת נר חנוכה

יטין להמשיך מאימא ריבוע אהי"ה

לז"א שהוא שם מ"ה

יוד הא ואו הא

וכהתלבש ריבוע **אהי"ה** הנזכר תוך חוה **וא"ו** דמ"ה נעשה נז"ל

יוד הא וא אה אהי אהיה ו הא ני' נז"ל

ויכוין להמשיך נח"ל זה מז"א תוך נח"ל שבטק' שהוא שם כ"ן ולז אותיותיו כפשוטו
ומילוא ומילוי מילואו
שם כ"ן

יוד הה וו ההה

ולז אותיותיו

יהוה

יוד ההה וו ההה

יוד ואו דלת, ההה ההה,

ואו ואו, ההה ההה

סך הכל גי' נז"ל

*** להדליק**

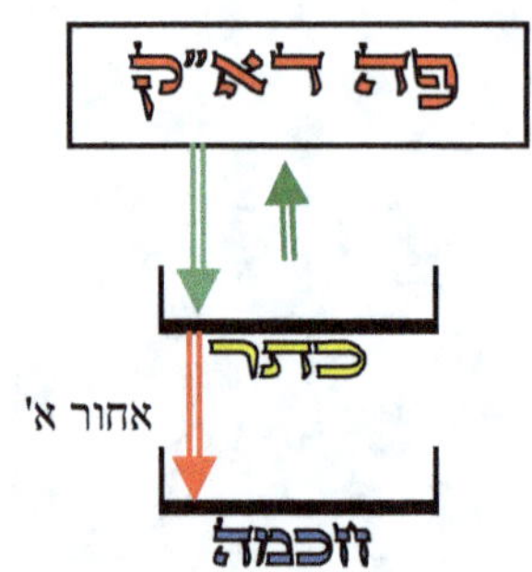

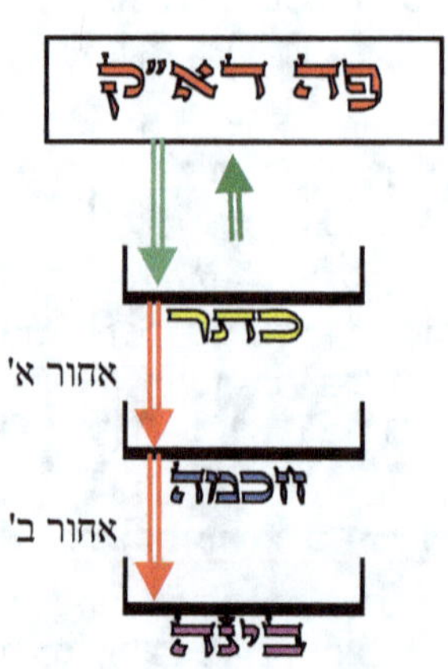

ריבוע אהי"ה

תרשים ז - ו

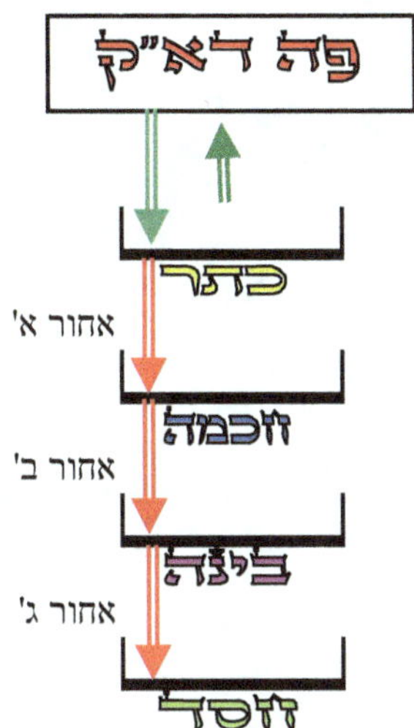

תרשים ז - ז

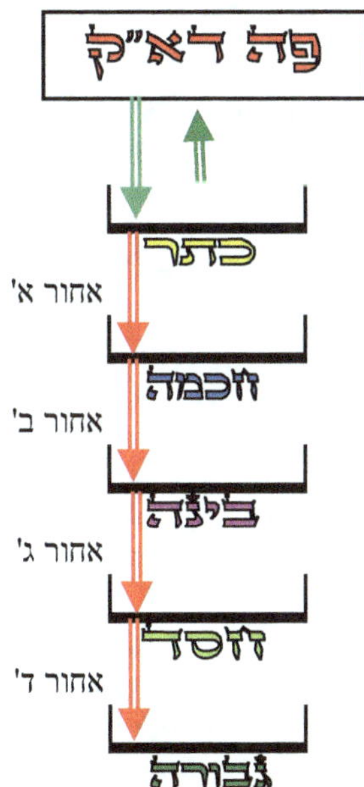

תרשים ז - ח

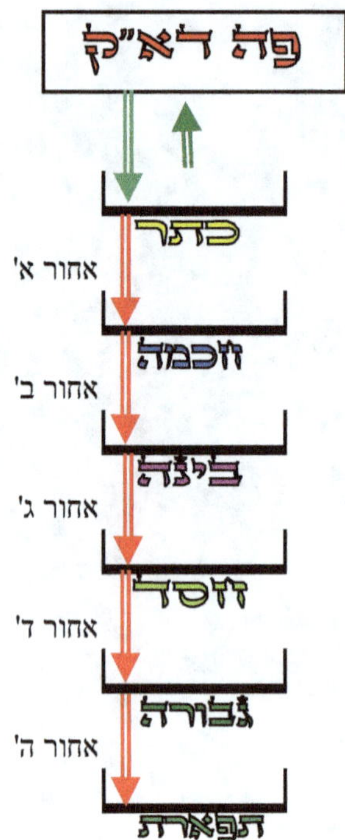

תרשים ז - ט

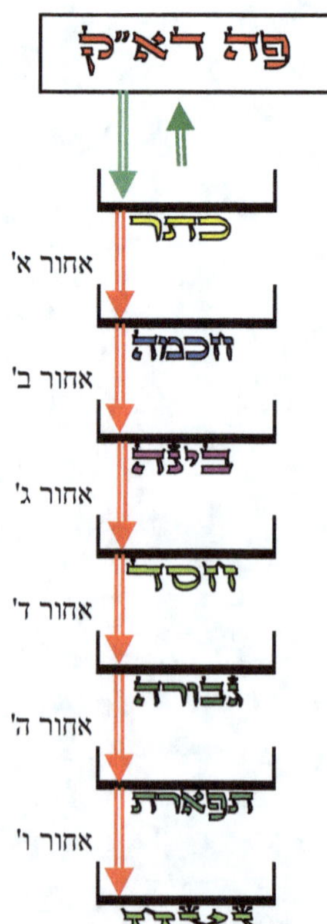

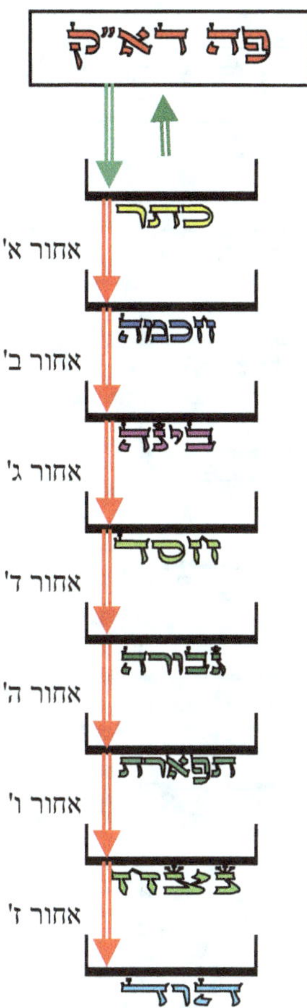

פה דא"ק
כתר
חכמה
בינה
חסד
גבורה
תפארת
נצח
יסוד
אחור א'
אחור ב'
אחור ג'
אחור ד'
אחור ה'
אחור ו'
אחור ז'

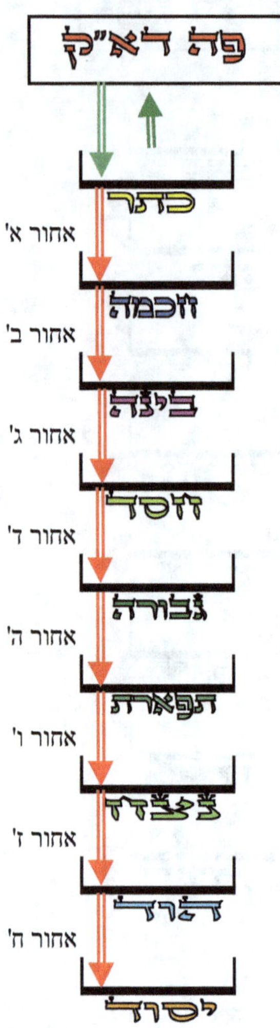
פה דא"ק
כתר
אחור א'
חכמה
אחור ב'
בינה
אחור ג'
חסד
אחור ד'
גבורה
אחור ה'
תפארת
אחור ו'
נצח
אחור ז'
הוד
אחור ח'
יסוד

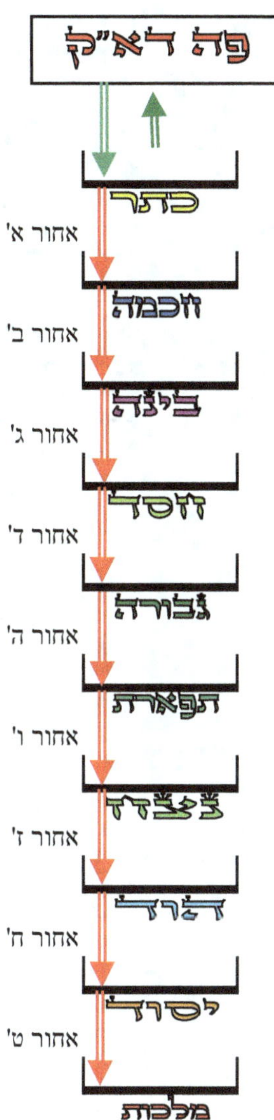

פה דא"ק
כתר
אחור א'
חכמה
אחור ב'
בינה
אחור ג'
חסד
אחור ד'
גבורה
אחור ה'
תפארת
אחור ו'
נצח
אחור ז'
הוד
אחור ח'
יסוד
אחור ט'
מלכות

תרשימים שער ו' פרק ז'

תרשים ז - י"ג

חב"ד

חכמה

חכמה	דעת	בינה
חסד	תפארת	גבורה
נצח	יסוד	הוד

חח"נ דחכמה

דעת

חכמה	דעת	בינה
חסד	תפארת	גבורה
נצח	יסוד	הוד

בינה

חכמה	דעת	בינה
חסד	תפארת	גבורה
נצח	יסוד	הוד

חג"ת

חסד

חכמה	דעת	בינה
חסד	תפארת	גבורה
נצח	יסוד	הוד

חג"ת דחסד

תפארת

חכמה	דעת	בינה
חסד	תפארת	גבורה
נצח	יסוד	הוד

גבורה

חכמה	דעת	בינה
חסד	תפארת	גבורה
נצח	יסוד	הוד

נה"י

נצח

חכמה	דעת	בינה
חסד	תפארת	גבורה
נצח	יסוד	הוד

חב"ד דנה"י

יסוד

חכמה	דעת	בינה
חסד	תפארת	גבורה
נצח	יסוד	הוד

הוד

חכמה	דעת	בינה
חסד	תפארת	גבורה
נצח	יסוד	הוד

חח"נ **ד"ת"י** **בג"ה**

חח"נ דבג"ה